Kohlhammer

Metalbook, Vol. 1

Herausgegeben von Charalampos Efthymiou, Peter Kritzinger und Peter Pichler
Eine Übersicht aller lieferbaren und im Buchhandel angekündigten Bände der Reihe finden Sie unter:

https://shop.kohlhammer.de/metalbook

Der Autor

Hartmut Rosa, geb. 1965 im Schwarzwald, ist seit 2005 Professor für Allgemeine und Theoretische Soziologie an der Friedrich-Schiller-Universität in Jena und seit 2013 zugleich Direktor des Max-Weber-Kollegs an der Universität Erfurt. Seine Bücher über die Zeitnot der modernen Gesellschaft (*Beschleunigung*, 2005) und die durch sie ausgelösten Entfremdungserfahrungen und Resonanzhoffnungen der Menschen (*Resonanz*, 2016) fanden weltweite Beachtung und wurden in mehr als zwanzig Sprachen übersetzt. 2023 erhielt Rosa den renommierten Gottfried-Wilhelm-Leibniz-Preis. Daneben ist er aber seit seiner Jugendzeit auch großer Heavy Metal-Fan und Hobby-Keyboarder in Amateurbands.

Hartmut Rosa

When Monsters Roar and Angels Sing

Eine kleine Soziologie des Heavy Metal

Verlag W. Kohlhammer

Umschlagabbildung: © Adobe Stock/Warpedgalerie
Autorenportrait: © Jürgen Scheere
Zusatzmaterial online: https://dl.kohlhammer.de/978-3-17-042648-1

1. Auflage 2023

Alle Rechte vorbehalten
© W. Kohlhammer GmbH, Stuttgart
Gesamtherstellung: W. Kohlhammer GmbH, Stuttgart

Print:
ISBN 978-3-17-042648-1

E-Book-Formate:
pdf: ISBN 978-3-17-042649-8
epub: ISBN 978-3-17-042650-4

Inhalt

Intro

Es ist mit dem Menschen wie mit dem Baume:
Je mehr er hinauf in die Höhe und Helle will,
um so stärker streben seine Wurzeln erdwärts,
abwärts, ins Dunkle, Tiefe – ins Böse.

Friedrich Nietzsche, Also sprach Zarathustra

Ich habe eine Theorie. Und ich habe eine Erfahrung. Eine mächtige, gewaltige Erfahrung – die Erfahrung einer ungeheuren Energie, die im Heavy Metal freigesetzt wird, so dass sie meinen Körper und meine Seele von innen und außen gleichzeitig ergreift und bewegt, verbindet und zusammenführt. Sie rührt an die tiefsten Tiefen in mir und strebt zugleich nach oben in die höchsten Höhen, die mir möglich scheinen. Jetzt muss ich die Theorie und die Erfahrung nur zusammenbringen – und das will ich in diesem kleinen Buch versuchen. Ich verbinde damit die Hoffnung, dass die hier erprobte Art des Zusammenführens von Resonanztheorie und musikalischer Erfahrung auch für ganz andere musikalische Erfahrungskontexte und sogar darüber hinaus für das Verständnis unserer sinnlichen, ästhetischen und leiblichen Erfahrungen fruchtbar werden kann.

1
Einleitung: „It's Heaven and Hell"

Es ist nicht so, dass ich nicht gewarnt worden wäre. Als ich so um die 15 Jahre alt war, fing ich an, Rockmusik zu hören, richtig harte Rockmusik. Es begann mit Pink Floyd und dem Progressive Rock, denen meine Liebe bis heute gehört. Aber bald kamen Iron Maiden hinzu, deren erstes Album (*Iron Maiden*, 1980) mein bester Schulfreund, Stefan, und ich hinauf und hinunter hörten. Es ist ja nicht so, dass die Texte der einzelnen Songs auf dieser Platte viel Sinn ergäben. Das tun sie übrigens eher selten im Heavy Metal. Aber sie erzeugen zusammen mit der Musik eine besondere Atmosphäre und eine Bewegung. Nehmen wir beispielsweise „Remember Tomorrow" auf der Platte *Iron Maiden*. „Tears for somebody, and this lonely boy …" Welcher Fünfzehnjährige würde sich da nicht angesprochen fühlen! Aber in einem wundersamen Kontrast zwischen den krachenden Gitarren, rollenden Bässen und gewaltigen Drums, die auf dem Album und auch in diesem Lied am Ende dominieren, kommen an dieser Stelle mit einem Mal zart schwebende, erhabene, fast mystische Töne aus den Lautsprechern: „Unchain the colours before my eyes", die einzige Zeile, die zweimal wiederholt wird.

> Scan the horizon,
> The clouds take me higher;
> I shall return
> From out of the fire …

Was für ein Versprechen! Natürlich, für sich genommen vielleicht lächerlich, allenfalls Pennälerfutter. Aber es geht im Metal nicht um eine intellektuelle Welterklärung. Es geht um einen erschlossenen, gefühlten, leiblichen, emotionalen, lodernden, intensiven Kontakt mit der Wirklichkeit. Mit einer Wirklichkeit, die wir nicht verstehen, aber fühlen können, und die das Höchste und das Tiefste in uns

Menschen gleichermaßen umfasst. Und die unser Innerstes mit dem Äußersten der Welt verbindet. Es geht um Himmel und Hölle.

Es ist kein Zufall, dass das Black Sabbath-Album, das etwa Götz Kühnemund, legendärer Kult-Musikjournalist der Zeitschriften *Rock Hard* und *Deaf Forever*, als das beste Album aller Zeiten bewertet hat,[1] diesen Titel trägt: *Heaven and Hell*. „The closer you get to the meaning; The sooner you'll know that you're dreaming; [...] It's Heaven and Hell".

Stefan hat dieses Album gefunden, aber er hat es umgehend mit mir geteilt, ich habe es mir sofort auf Kassette überspielt. Wir saßen ja auch in der Schulbank nebeneinander und trieben mitunter die Lehrer zur Verzweiflung, weil uns der Sinn durchaus nicht nach Schulstoff stand. Wir hatten nicht die *Bravo*, sondern den *Metal Hammer* unter dem Tisch und träumten davon, unsere eigene Band zu gründen, was wir wenig später auch taten. Er wurde ein richtig guter Schlagzeuger, ich ein weniger als mittelmäßiger Keyboarder, weswegen ich recht bald aus der Band – Purple Haze – gefeuert wurde. Das war eine richtig harte Metal-Band, und in den frühen 80er Jahren waren Keyboards im Metal ohnehin noch verpönt. Wenigstens durfte ich auch weiterhin die Texte schreiben, die der Sänger allerdings nie richtig gelernt hat, was wiederum mich zur Weißglut brachte.

Jedenfalls haben wir *Heaven and Hell* zugleich mit *Iron Maiden* entdeckt, die beiden Alben kamen ja auch etwa zeitgleich heraus. Die Black Sabbath-Scheibe ‚flashte' uns beide augenblicklich und hinterließ einen ebenso tiefen wie anhaltenden Eindruck. Wo sonst in unserer Kultur geht es noch auf eine vergleichbare Weise um das Ganze? Um das Höchste und das Tiefste zugleich? Sicher, in den Religionen, in der Kirche. Aber dort geht (bedauerlicherweise) kaum noch jemand hin, jedenfalls keine jungen Menschen, die die Welt fühlen und leiblich erleben wollen. Oder im Kino, im Film. Aber da sitzt man nur da. Man hat nicht leiblichen Anteil, und vor allem: Da steht einem vor Augen, was man denken und fühlen soll. Die Erfahrung wird dort durch die Handlung eingeengt und vorgegeben. Ich will Filme nicht schlecht machen (und schon gar nicht Bücher, die man hier auch noch in Erwägung ziehen könnte), aber es gibt eine entscheidende Differenz zwischen dem Weltzugang über Auge und Kopf, den das Buch und der Film bedienen, und der unmittelbaren Teilhabe an der Welt, die über das Ohr und den ganzen Körper erfolgt.

Nun ist es jedoch so, dass ich aus einem sehr strengen, zwar nicht christlichen, aber spirituell-esoterisch orientierten Elternhaus stamme, das einer super-asketischen und puritanischen religiösen Richtung folgte. Sie teilte die Welt in Reines und Unreines auf. Und Rockmusik, da gab es keinen Zweifel, war unrein. Wer derlei Musik hörte, war dem Teufel verfallen. *Wir wollen nur Deine Seele* lautete der Titel eines Buches von Ulrich Bäumer, das man mir zur Warnung in die Hände gab.[2] Es wies ohne jeden Zweifel nach, dass Rockmusik das Einfallstor Satans war. Er griff durch sie hindurch nach meiner Seele. Das Buch häufte Beleg auf Beleg. Rückwärtsbotschaften in den Texten, schwarzmagische Praktiken, unerklärliche Vorfälle, Selbstmorde von Jugendlichen, die durch Satans Wirken in der Musik ausgelöst wurden – das ganze Register. Dennoch konnte ich nicht widerstehen. Und so war ich beständig hin- und hergerissen zwischen dem Verlangen nach Iron Maiden und Black Sabbath und der Michael Schenker Group und den Scorpions und vielen anderen einerseits und dem schlechten Gewissen, oder mehr noch: einem heimlichen Grauen und sogar großer Angst andererseits. Dass Black Sabbath Satansanbeter waren, wusste jeder, spätestens nachdem Ozzy Osbourne die Sache mit der Fledermaus abgezogen hatte;[3] sie trugen ja auch die Kreuze verkehrt herum. Aber auch Iron Maiden waren das Gegenteil von Gotteskindern. *The Number of the Beast* lautet der Titel ihres erfolgreichsten Albums, und der sagt ja bereits alles. Auf der Scheibe *Fear of the Dark* haben Iron Maiden einige

Jahre später sehr eindrucksvoll das Gefühl eingefangen, das ich damals hatte. Jeder Metalfan kennt die Zeilen:

> Fear of the dark
> Fear of the dark
> I have a constant fear that something's always near […]
> I have a phobia that someone's always there

Auch Judas Priest bringen dieses Gefühl auf den Punkt, etwa in „Nightcrawler" vom *Painkiller*-Album:

> Howling winds keep screaming round
> And the rain comes pouring down
> Doors are locked and bolted now
> As the thing crawls into town
> Straight out of hell
> One of a kind
> Stalking his victim
> Don't look behind you
> Nightcrawler
> Beware the beast in black
> Nightcrawler
> You know he's coming back
> Night Crawler

Und so erging es mir fast haargenau wie dem Schweizer Schriftsteller Gion Mathias Cavelty, der dem Schweizer Rundfunk berichtete, wie er als Junge im konservativ-bürgerlichen Chur Black Sabbath' erstes Album für sich entdeckte:

Es war ein Schock für mich. […] Ich liess die Platte […] heimlich laufen, als meine Eltern ausser Hauses waren, auf dem Plattenspieler meiner Mutter. Regen setzte ein, Kirchenglocken läuteten, und dann folgten DIESE drei Töne. Immer wieder. Sie kamen direkt aus der Hölle. Ich fühlte in mir ein Feuer aufflammen – ein Feuer, das mein gesamtes bisheriges Weltbild in Schutt und Asche legte. Ha ha! Klingt ganz schön pathetisch! Aber für mich als 11-Jährigen war es tatsächlich ein Moment von noch nie erlebter Heftigkeit.

Kurze Zeit später fiel ihm das Album *Them* des bekennenden Satanisten King Diamond in die Hände. Dabei geht es um unheimliche

Dämonen, die von einer irren alten Frau und ihrem Enkel heraufbe-
schworen werden.

> Mein Gott, diese Platte hat mir das Mark in den Knochen gefrieren lassen. Ich
> hatte solche Angst, als ich sie mir anhörte, immer und immer wieder, heimlich in
> meinem Kinderzimmer in Chur. Und ich hatte wirklich das Gefühl, dass ‚sie' auch
> mit mir im Zimmer waren, angelockt durch die übermenschlich hohen Schreie von
> King Diamond.[4]

Nicht zu Unrecht weist Cavelty darauf hin, dass im gleichen Jahr,
1988, auch das Album *Transcendence* von Crimson Glory erschien: Im
Heavy Metal geht es um Transzendenzerfahrungen, um die gefühlte
Begegnung mit einer Macht oder einer Wirklichkeit, die über einen
selbst hinausgeht; sei sie gut oder böse. Metal ist existenzielle Transgression, Überschreitung der alltäglichen Wirklichkeitsgrenzen nach
oben wie nach unten. Diese Musik strebt nach dem Durchbruch zu
einer anderen Wirklichkeits*erfahrung* – nicht nach einem Welt*bild,*
nicht nach einer Erklärung oder Theorie. Sie lässt sich nicht in einer
festen Ordnungsvorstellung fixieren, sondern stets nur im flüchti-
gen, dynamischen Aufscheinen erahnen.

Schon vor 25 Jahren hat Jan Koenot diesen Zusammenhang, dieses Transzendenzverlangen sinngemäß zum Ausdruck gebracht.
Der Titel seines Buches *Hungry for Heaven. Rockmusik, Kultur und
Religion* ist nach einem Song des für viele besten Metal-Sängers
aller Zeiten, Ronnie James Dio (der auch „Heaven and Hell" ein-
sang), benannt.[5] Wo aber die Seele in den Himmel strebt, rasselt
das Biest umso wilder an der Kette, wie Friedrich Nietzsche uns ge-
lehrt hat. Heavy Metal lässt beständig die Monster los. Sie brüllen in
den verzerrten Gitarren und in den wilden Growls, sie starren und
fauchen uns aus tausenden von Songs und Plattencovern entgegen.
Aber sie können doch auch nicht verbergen, dass die Harmonien
hinter der Verzerrung von großer Reinheit und schlichter Schönheit
sind, dass sich in den emporsteigenden Gitarrensoli, die sich aus dem
archaischen Gerüst aus Rhythmusgitarre, Drums und Bässen erhe-

ben, und in den schwebenden Keyboardsounds die Sehnsucht nach Erlösung Bahn bricht, und dass die meist weiblichen Engelsstimmen, die (Symphonic) Epic Metal-Bands wie Nightwish oder Within Temptation zu Millionensellern verhelfen, ihnen Paroli bieten. Die Death Metal-Band Amorphis hat diesen Gegensatz zwischen growlenden Monstervocals und engelsgleichem Klargesang seit vielen Jahren zu ihrem zentralen Stilprinzip erhoben und es damit geschafft, eine riesige Schar von Fans aus den unterschiedlichsten Lagern (denn es gibt sehr viele Spielarten des Heavy Metal) hinter sich zu vereinen. Ihre schwedischen Kollegen von In Flames, Soilwork und auch von Therion machen es ganz ähnlich, indem sie zwischen Klargesang und Growling hin- und herpendeln. Und Pain of Salvation, ebenfalls aus Schweden, machen auf wieder andere Weise, nämlich mit verschachteltem, progressivem Metal, auf den Zusammenhang zwischen Erlösungshoffnung und abgründiger Dunkelheit sowie Verzweiflung aufmerksam, den sie schon im Bandnamen zum Ausdruck bringen.

Ganz anders als Amorphis klingt indessen die Band Ghost, die einerseits in vielen Kreisen der Metal-Community Kultstatus genießt und andererseits großen Erfolg auch außerhalb dieser Community hat. Sie kombiniert komplexe, wohlgefällige und virtuos unterfütterte Melodien im Popsound mit ambivalenten Texten und einem bitterbösen Image, das um eine invertierte Papstfigur namens ‚Papa Emeritus' mit durchaus satanischen Anspielungen zentriert ist. Je mehr die melodiöse und harmonische Bewegung ins Licht und nach oben strebt, umso tiefer greifen die Wurzeln ins Böse: Ikonisch hierfür ist der Song „He Is", der von den Lesern des *Rolling Stone* auf Platz vier der besten Songs des Jahres 2015 gewählt wurde und diese existenzielle Ambivalenz vielleicht am radikalsten zum Ausdruck bringt:

He is, he's the shining and the light
Without whom I cannot see […]
He's the force that made me be

Die rauschenden Klangkaskaden lassen den Hörer die Kraft, die uns erzeugt und hervorgebracht hat, leiblich spüren, lassen ihn von ihr ganz umhüllt sein, ohne dass diese Kraft und ihr Ursprung kognitiv und evaluativ verortet, das heißt: erkannt und bewertet werden könnte. Einerseits lassen die pseudo-lateinischen Einsprengsel im Text (*nostro dis pater, nostr' alma mater*), die Harmonien und die Licht-Metaphern an Christliches und Heiliges denken, andererseits legt schon der Beginn des Songs („We're standing here by the abyss; And the world is in flames; [...] reaching out; To the beast with many names") die entgegenstrebende Tendenz nahe. Entscheidend scheint mir damit zu sein, dass der inhaltliche Sinn des Liedes in der Tiefe nicht verortbar, seine Bedeutung nicht bewertbar ist, obwohl die zum Ausdruck gebrachte Erfahrung ebenso klar wie rein und stark scheint: Das Licht, das mich sehen, die Kraft, die mich existieren lässt ...

Es ist offensichtlich, dass sich die wenigsten Hörerinnen und Hörer[6] um solche Deutungsprobleme Gedanken machen dürften. Heavy Metal reizt nicht zur exegetischen Textanalyse. Es geht in dieser Musik in der Regel nicht um theoretische Entwürfe und auch kaum um kohärente, komplexe Geschichten. ‚In der Regel' bedeutet hier allerdings: Es gibt durchaus nennenswerte Ausnahmen, vor allem Konzeptalben, in denen sämtliche Lieder und darüber hinaus das Artwork (also das Cover und die Gestaltung des *Booklets* und dann auch der Bühnenaufbau bei Livekonzerten) der Verarbeitung eines thematischen oder historischen Zusammenhangs oder auch einer literarischen Geschichte gewidmet sind. Dabei stehen oftmals auch ‚hochkulturelle' literarische, biblische oder mythologische Vorlagen Pate. So haben etwa Sepultura in ihrem Album *Dante XXI* Dante Alighieris *Göttliche Komödie* verarbeitet, während Grave Diggers Album *The Grave Digger* auf Kurzgeschichten von Edgar Allan Poe beruht, *Nightfall in Middle-Earth* von Blind Guardian Tolkiens *Silmarillion* zum Gegenstand hat, Symphony X mit *Paradise Lost* John Milton ein Denkmal setzen und Saviour Machines gar auf eine Trilogie angelegtes *Legend*-Werk die biblische Offenbarung des Johannes zu vertonen sucht. Aber selbst hier geht es meines Erachtens weniger um einen klaren Erzählfaden als vielmehr um sich ineinander blendende und überlagernde Bilder und Metaphern, durch die, um es einmal soziologisch auszudrücken, ein nicht festlegbarer, im sinnhaften und werthaften Gehalt changierender oder fluktuierender Zwischenraum eröffnet wird. Theodor Wiesengrund Adorno, einer der größten Denker des 20. Jahrhunderts, der die letztlich auf Karl Marx zurückgehende Traditionslinie der Kritischen Theorie mitbegründete, hätte das vermutlich ‚nicht-identifizierendes Denken' genannt. Er meint damit ein Denken, dass die Dinge nicht einfach begrifflich festlegt und fixiert, sondern in wechselnde Beziehungen setzt und gerade dadurch der wirklichen Erfahrung zu öffnen sucht. Es ist ein starkes, leiblich verankertes Fühlen und Denken in Konstellationen, das wechselnde gedankliche und gefühlsbezogene Bewegungen zwischen den Gegenständen der Erfahrung hervorruft. Weil dabei nicht mehr klar ist, was gut ist und was schlecht, was überhaupt ist und was nicht ist, weil aber zugleich unüberhörbar ist, *dass etwas ist*, wird es den Hörenden in einer, so können wir mit Adorno sagen, verdinglichten, erstarrten, festgelegten gesellschaftlichen Wirklichkeit möglich, einen existenziellen Zugang zur Welt und zu ihrem eigenen Selbst zu finden. Sie werden fühlbar, gerade weil sich der klanglich, emotional und textlich-assoziative eröffnete Raum der scharfen inhaltlichen Festlegung entzieht:

> Man muss [die] versteinerten Verhältnisse dadurch zum Tanzen zwingen, dass man ihnen ihre eigne Melodie vorsingt.[7]

Das ist nach Karl Marx die Aufgabe der Theorie, das ist aber vielleicht auch das, was Heavy Metal-Musik kann, auch wenn sie linken Gesellschaftskritikern häufig als konservativ und unpolitisch, wenn nicht gar latent reaktionär vorkommt. Metal-Alben und -Songs enthalten oder folgen keinen Theorien, sie wirken nicht, weil sie politische Deutungsangebote machen, sondern sie gewinnen ihre Kraft daraus, dass sie (noch einmal soziologisch kompliziert gesprochen) bildlich, gedanklich und emotional den mentalen Fokus so öffnen, dass die Rhythmen und Harmonien mit ihrer Wucht in existenzielle Sphären vorstoßen und sie in Bewegung versetzen können. Sie rühren damit an Bereiche, die die spätmoderne Gesellschaft kognitiv-theoretisch überhaupt nicht mehr zu bearbeiten vermag.

Als empirisch arbeitender Soziologe kenne ich keinen Himmel und keine Hölle, keine Kraft, die mich erzeugt und erhält, nichts Heiliges und nichts Teuflisches mehr; ich kann dem Grauen und der Ehrfurcht keinen theoretischen Ort in meinem Weltbild zuweisen, ja ich vermag nicht einmal die Intensität des Glücks und die Tiefe der Verzweiflung ‚empirisch' zu fassen. Und wenn ich ‚Einsamkeit' an der Zahl der aktivierten Sozialkontakte zu messen versuche, verfehle ich das, was sie ist, vollkommen. Heavy Metal bringt demgegenüber vielleicht performativ zum Ausdruck, was der Grundgedanke romantischer Ironie ist. Er erlaubt es, etwas zu meinen und zugleich nicht zu meinen: „He is the Force that made me be." Er, Gott; er, der Teufel; er, den es gar nicht gibt, den ich aber fühle; er, der ist und zugleich nicht ist. Hier wird „etwas, das nicht ist und doch nicht nur nicht ist", erfahrbar, um noch einmal Adorno zu bemühen.[8] Ich will die Musik hier nicht mit quasi-theologischen Deutungen überfrachten, das würde ihr nicht gerecht. Aber ich will alles in die Waagschale werfen, um zu verstehen, was Millionen von Fans auf dem ganzen Globus dazu bringt, diese Musik, die Nicht-Fans und Musikwissenschaftler häufig einfach als primitiven Krach erfahren und beschreiben, nicht nur kultisch zu verehren, sondern sogar als das Wichtigste in ihrem Leben zu begreifen.

Ich will daher in diesem Buch vor allem der *Erfahrung*, nicht der Bedeutung des Heavy Metal nachgehen. Was macht harte Rockmusik mit ihren Hörerinnen und Hörern? Was macht sie aus, warum vergeht diese Musikrichtung nicht wie popmusikalische Modewellen? Warum erweist sie sich, wie ich zeigen werde, sogar als stärker als die Kulturindustrie?

Ich werde bei meiner Untersuchung sozusagen zweigleisig verfahren: Auf der einen Seite will ich im Stil einer empirischen Soziologie die äußeren, zum Beispiel sozialstrukturellen Merkmale der Szene erfassen, oder vielmehr beschreiben und deuten. Dazu zählen etwa die Fragen, welche ‚sozialen Schichten' Heavy Metal hören, welche Merkmale die Hörer und Hörerinnen aufweisen und wie es um das Geschlechterverhältnis bestellt ist. Zugleich – und das ist mir dabei sogar noch wichtiger – will ich aber unbedingt auch die ‚Innenseite' der musikalischen Erfahrung ernst nehmen. In der Soziologie nennen wir das ‚phänomenologische Analyse': Was geschieht etwa zwischen Musizierenden und Konzertteilnehmenden? Wie fühlt es sich an, wenn Iron Maiden im gleißenden Licht und in einer ‚Wall of Sound' auf die Bühne stürmen, wenn sich das *Wacken*-Festival dem Finale nähert, oder wenn Metallica auf der Bühne ihres 1986 bei einem tragischen Tourbusunfall verstorbenen Bassisten Cliff Burton gedenken? Warum lesen Metalheads immer und immer wieder Stories und Berichte über ihre Bands und Interviews mit ihren Helden?

Im Folgenden will ich zunächst kurz auf die Geschichte des Heavy Metal eingehen, wobei ich den Begriff sehr weit fasse. Genaugenommen ist Metal nämlich eine Spielart der Rockmusik, die sich nach und nach immer weiter ausdifferenziert hat. Heavy Metal kann daher in gewisser Weise als innerer, harter, dauerhafter Kern der Rockszene begriffen werden. In Metal-Magazinen werden regelmäßig alle großen Bands der Rockgeschichte besprochen, behandelt und gefeiert. Sogar Bands und Künstler, die dezidiert nicht ‚heavy' sind, wie etwa Alan Parsons oder Marillion oder Asia, Toto, Journey oder Barclay James Harvest leben in der Metal-Szene fort. Ihre Alben und Konzerte werden gehört, diskutiert, gecovert und gefeiert. Kurioserweise gilt das selbst für eine Popgruppe wie Abba. Deren nach vierzig Jahren Pause erschienenes jüngstes Album *Voyage* landete auf erstaunlich vielen Playlists von Metal-Journalisten und wurde in der Metal-Community breit rezipiert und wertgeschätzt. Die Metal-Presse ist gewissermaßen zum lebendigen, kontinuierlichen Gedächtnis der Rockgeschichte geworden, in der die kulturelle Tradition des Rock auch in ihren Seiteneinflüssen kontinuierlich tradiert, neu vermessen und verhandelt wird.

Ich werde Heavy Metal also in diesem weiten Sinne verstehen – für mich steht der Begriff weniger für ein bestimmtes Klangbild als vielmehr für eine Szene, die durch eine bestimmte Weise des Musikhörens und -machens zusammengehalten wird, die ich weiter unten genauer beschreiben und analysieren werde. Für eine Haltung, nach der es in der Musik eben nicht um ‚Unterhaltung', nicht einfach nur um Fun und Entertainment geht, sondern irgendwie auch um die ‚letzten Dinge'. Das mag aus der Sicht der Verächter dieser Musikrichtung seltsam klingen, in deren Augen Metal-Alben und -Bands sich gerade durch erstarrte Klischeehaftigkeit und pathetische Belanglosigkeit auszeichnen. Wer, bitteschön, würde denn Monster, Drachen und Dämonen; Engel und Prinzessinnen noch ernsthaft ‚zu den letzten Dingen' zählen?! Ist das nicht einfach lächerlich?

Darauf möchte ich zweierlei entgegnen: Erstens, es kann kein Zweifel daran bestehen, dass vieles in der Metal-Szene von außen betrachtet lächerlich, belanglos und klischeehaft ist. Aber zweitens: Es kann ebenso wenig Zweifel daran bestehen, dass dahinter und darunter, jedenfalls bei manchen der Bands und für manche der Hörenden, mehr liegt. Und dieses ‚Mehr' berührt eine Transzendenzerfahrung, die sich nicht ‚propositional', das heißt auf der Ebene strikter logischer Aussagen, und auch nicht narrativ festmachen, die sich nicht identifizieren, nicht fassen lässt. Die sich aber erfühlen lässt, wenn man sich der Metal-Erfahrung aussetzen will und kann, und die sich sogar dann sehen und konstatieren lässt, wenn man das nicht kann oder will, sondern sich lediglich Konzert- und Filmdokumente sorgsam ansieht. So macht etwa der Musikwissenschaftler, Theologe und Soundphilosoph Rainer Bayreuther im Metal eine unbedingte Entschlossenheit aus, welche die Hörenden aus dem ‚Ohrensessel' angenehmer, erwartbarer musikalischer Unterhaltung herausreiße und daher eher zu quasi-religiösen Transzendenzerfahrungen führe als klassische Kirchenmusik.

> Heavy Metal [...] Musik insistiert auf ganz wenigen Elementen, aber die haut sie radikal und rücksichtslos in die Welt. Das nötigt mir Respekt ab. Metal hat keine religiösen Absichten. Aber er will es unbedingt wissen. Das fordert transzendente Erfahrungen heraus.[9]

Ich werde darauf im sechsten und siebenten Kapitel zurückkommen.

Davor möchte ich die sozialstrukturelle Beschaffenheit der Metalgemeinde untersuchen (▶ Kap. 3) und dabei insbesondere auf die Faktoren Bildung, politische Orientierung und Geschlecht eingehen. In allen diesen Hinsichten lassen sich dabei für Soziologinnen interessante Beobachtungen machen. Im Anschluss werde ich versuchen, Metal gewissermaßen als Lebensform zu beschreiben, und auf das Zusammenspiel der verschiedenen Elemente eingehen, die dabei eine Rolle spielen: Auf die Alben, die Cover, die Konzerte und Tourneen, die Musikmagazine und dann insbesondere auf die biografische Bedeutung, die der Heavy Rock für seine Hörer gewinnt. Diese Musik ist für viele Menschen nicht einfach identitätsstiftend, sondern organisiert, zentriert und ‚verankert' geradezu Biografien, indem die Bandgeschichte zu einem Lebensbegleiter wird und damit eine Art *Zeugenschaft des Lebens* übernimmt.

Am Ende des Buches steht ein Exkurs, in dem ich beschreibe, wie die Metal-Community in den späten 1990er und frühen 2000er Jahren auf einzigartige und bemerkenswerte Weise die geballte Macht und Maschinerie der Kulturindustrie besiegt und sich damit gewissermaßen unsterblich gemacht hat (▶ Kap. 9). Um aber zu erklären, woher sie diese Kraft bezog, werde ich ab dem fünften Kapitel wieder die phänomenologische Seite der Musik stärker betonen und darlegen, wie und wieso Heavy Metal den Hörenden auch in biografisch und politisch höchst unsicheren Zeiten eine Art ontologische Sicherheit zu geben vermag, die es erlaubt und ermöglicht, etwa in den fliegenden Gitarrensoli Transzendenzfenster zu öffnen. Metal eröffnet, so wird sich zeigen, durch höchst intensive musikalische ‚Gipfelerfahrungen' die Möglichkeit zu existenzieller Rückbindung an das Leben, er kann dabei so etwas wie eine Nabelschnur zur Welt darstellen (▶ Kap. 5).

Besonderes Augenmerk möchte ich schließlich auf den in aller Regel sehr ritualisierten Konzertbeginn legen, der den Fans wie eine ‚Epiphanie', das heißt: wie das Offenbarwerden einer höheren Macht, erscheinen kann. Mit dem Begriff wird in den Religionswissenschaften das unerwartete, plötzliche Erscheinen eines Gottes oder eines Engels unter den Menschen beschrieben. Ähnliches wiederholt sich oft auch am Konzertende. Hierin zeigt sich, dass in der Rockmusik eine transzendierende Möglichkeit liegt, die gleichsam religiöse Erfahrungen ohne dogmatischen oder intellektuellen Gehalt zu erschließen vermag. ‚Religiös' definiere ich dabei im Sinne der Resonanztheorie als die Erfahrung einer ‚resonierenden', lebendigen, atmenden Rückgebundenheit an das Leben, an das Weltganze; als das Erleben einer existenziellen und selbstwirksamen Verbundenheit, die unser Innerstes berührt und ergreift, ohne dabei notwendig eine Gottheitsvorstellung ins Spiel zu bringen (▶ Kap. 6 und 7). Mit Resonanz ist dabei also die Erfahrung gemeint, dass da draußen etwas mit unserem Inneren in Verbindung tritt; dass uns etwas berührt und ergreift, auf das wir reagieren und antworten können, wobei wir uns verwandeln. Ich werde später darauf zurückkommen.

Gerade weil die Musik schon mit ihrer Lautstärke, ihren Rhythmen und ihrem Klangbild eine unmittelbar physische Wirkung entfaltet, der man sich kaum zu entziehen vermag, erzeugt sie unvermeidlich eine ‚berührende' Wirkung. Metal berührt in einer immer stärker berührungslosen Gesellschaft unmittelbar leiblich. Und wie jede leibliche Berührung und Umarmung wird auch diese Berührung entweder als wohltuend, befreiend, als *Liebe* erfahren, oder aber als Zumutung, Verletzung, Überschreitung, geradezu als Vergewaltigung. Dementsprechend unterschiedlich fallen die Reaktionen aus. Während die einen, die Fans, sich der Berührung öffnen, mit Hingabe reagieren und mit ihrem ganzen Körper antworten, reagieren die anderen – oft sogar physisch – mit Gesten der Abwehr und der Schließung oder sogar mit Fluchttendenzen. Das ist der Grund, warum Metal in aller Regel entweder geliebt oder aber gehasst wird: Man kann einer heftigen Umarmung kaum gleichgültig gegenüberstehen. Und dies ist gewiss auch ein Grund dafür, weshalb die Metal-Community es vermocht hat, sich nach innen als so stabil wie nach außen robust zu erweisen. Trotz aller Bereitschaft, sich anderen musikalischen Traditionen und Elementen zu öffnen, sie in das eigene Repertoire aufzunehmen und mit ihnen zu experimentieren, ist es nicht zu der für andere Musikformen oft charakteristischen Verwischung und Vermischung der Genregrenzen mit dem musikalischen Mainstream gekommen.

Insgesamt steht der Heavy Metal ohne Zweifel in vielen Hinsichten in einer Traditionslinie mit der literarischen und musikalischen Romantik, mit der ich mich im achten Kapitel beschäftigen werde. Das Kunstverständnis und das Weltverhältnis des Künstlers, aber auch die Bilder, Metaphern, Mythen, Texte, die im Metal leben und verhandelt werden, lassen sich recht eindeutig insbesondere auf die dunkle Seite der (europäischen) Romantik des frühen 19. Jahrhunderts zurückführen. Von dieser hat er auch die Besonderheit der romantischen Ironie geerbt, deren Kern in der ästhetisch geschaffenen Möglichkeit besteht, die Grenzen der Logik zu überwinden und etwas aufrichtig *zu meinen* und sich *zugleich* davon zu distanzieren, das heißt: es *nicht* zu meinen. Fragt man also, ob die Metal-Szene ihre bildlichen, textlichen, symbolhaften Ausdrucksformen, ihr Pathos und ihren existentialistischen Anspruch ernst nimmt, so lautet, wie wir noch sehen werden, die Antwort: ja und nein zugleich.

Damit ist dieses Buch in gewisser Weise ein doppelter Seiltanz. Einerseits soll es kein wissenschaftliches Buch sein, sondern der Versuch einer Selbstdeutung aus Fansicht und Fanerleben. Es soll einen ‚Best Account' liefern. Das heißt, die beste mir mögliche Erklärung dafür, was in und mit dieser Musik vorgeht.[10] Bei einer solchen Erklärung oder Deutung komme ich aber andererseits nicht ohne das Vokabular und Instrumentarium aus, das ich mir als Soziologe angeeignet habe.

Darin lauern gleich zwei Gefahren: Wenn ich es schlecht mache, legen die Musikfans das Buch an dieser Stelle beiseite, weil ihnen das ‚Soziologengeschwurbel' zu abgehoben und substanzlos vorkommt, und zugleich verliere ich die Anhängerinnen meiner soziologischen Theorien, weil sie es nicht glauben können, dass ich solch klischeehaftes und brutales Zeug, solchen rohen Krach theoretisch ernst nehme und auch noch als eine vertikale, existenzielle Resonanzerfahrung verkaufen möchte. Nun denn, sei es drum, ich nehme beide Risiken in Kauf, denn ich möchte weder den Soziologen vor den Fans verstecken noch den Fan vor den Soziologinnen. Wer wirklich *verstehen* will, darf sich von derlei Schwierigkeiten nicht abschrecken lassen.

Wenn ich es aber *nicht* schlecht mache, kann dieses kleine Büchlein vielleicht zweierlei leisten. Einerseits den Hörenden harter Musik ein wenig verstehbar machen, was sie da eigentlich tun und erleben, und was die Musik für sie und ihr Leben ‚wirklich' bedeutet. Und andererseits die Resonanztheorie – das ist die soziologische und sozialphilosophische Theorie, an der ich seit vielen Jahren arbeite und zu der ich ein dickes Buch geschrieben habe[11] – voranbringen, indem sie sich an einem veritablen Phänomenbereich rückhaltlos testet und erkundet und dabei vielleicht einen auch soziologischen Begriff von (zirkulierender) Energie zu gewinnen vermag, der in der Sozialtheorie derzeit noch so bitter fehlt. Denn nichts ist mit der Energie vergleichbar, die in einer riesigen Menschenmenge zu pulsieren beginnt, wenn etwa die australische Band AC/DC mit dem Eingangsriff von „Rock'n Roll Train" die Bühne stürmt.[12]

2
„He is insurrection, he is spite": Die Geburt des Heavy Metal aus der Rockmusik

Es ist kein Zufall, dass die Urgewalt des Rock'n'Roll und der Rockmusik, wie sie sich in den frühen 60er Jahren zu entfalten begann, vom amerikanischen CIA als Geheimwaffe der Kommunisten, bald darauf genauso vom sowjetischen Geheimdienst KGB als neuester Infiltrationsversuch der Amerikaner und von beiden zugleich als große Gefahr für das je eigene Land betrachtet wurde. Sie legte weltweit nicht nur Bühnen und ganze Städte gelegentlich in Schutt und Asche, sondern versorgte auch die sozial erstarrten, konservativen Gesellschaften mit kultureller Transformationsenergie und brachte sie buchstäblich in Bewegung. Tatsächlich werden von politischen Machthabern rund um die Welt Rockmusik und vor allem Rockkonzerte gefürchtet, weil sie geballte kollektive Energien erzeugen und freisetzen können. Gelegentlich wird sogar behauptet, in den späten 80er Jahren hätten Rockkonzerte einen nicht unwesentlichen Anteil am Zusammenbruch des Ostblocks und am Fall der Mauer gehabt. Jedenfalls ist es gewiss kein Zufall, dass in der Spätphase der DDR große Rockkonzerte in Westberlin unmittelbar vor dem Reichstag und damit an der Mauer stattfanden, so dass die Soundwellen weit in den Osten strahlten.[13] Wenn Ghost also in „He Is" an zentraler Stelle die Zeile „He is insurrection, he is spite" (Er ist Aufruhr, er ist Trotz) unterbringen, dann treffen sie damit ein Grundgefühl, das mit der Rockmusik immer verbunden war: Sie bringen eine Energie und eine Bewegung zum Ausdruck, die als innerer Widerstand gegen das jeweils Bestehende, Vorgegebene, Traditionelle wirksam und spürbar wird.

Diese Energie bricht sich im Hard Rock und im Heavy Metal auf besonders brachiale Weise Bahn. Dabei ist der Ursprung des Begriffs durchaus umstritten. Manche Interpreten verweisen auf William S. Burroughs Romane *Soft Machine* (1961) und *The Nova Express* (1964), in denen nicht nur von den „Heavy Metal People of Uranus" die Rede ist, sondern sogar von „Metal Music". Und Burroughs, der wie etwa Jack Kerouac zur sogenannten ‚Beat-Generation' der amerikanischen Literatur gehört und unter anderem den Roman *Naked Lunch* verfasst hat, scheint mir als Referenz durchaus passend, konstatierte er doch, dass Rockmusik als „ein Versuch, aus diesem toten und seelenlosen Universum auszubrechen und der Welt ihre Magie zurückzugeben" verstanden werden könne.[14] Andere erblicken die Geburt dieser Musikrichtung in dem ikonischen Rocksong „Born to Be Wild" der Band Steppenwolf (und damit gewissermaßen in der Traditionslinie Hermann Hesses), singt diese doch vom „Heavy metal thunder", womit das Röhren der Maschinen schwerer Motorräder gemeint ist. Tatsächlich bildet der Text dieses Liedes nahezu die Blaupause des Lebensgefühls des frühen Metal, wie er etwa von Judas Priest verkörpert wurde. Judas Priest beziehungsweise deren Sänger Rob Halford kommen bis heute bisweilen mit Motorrädern auf die Bühne, und einer ihrer Songtitel heißt „Heading Out to the Highway". Bei Steppenwolf liest sich das so:

> Get your motor runnin'
> Head out on the highway
> Looking for adventure
> In whatever comes our way
>
> Yeah, darlin' gonna make it happen
> Take the world in a love embrace
> Fire all of your guns at once
> And explode into space
>
> I like smoke and lightnin'
> Heavy metal thunder
> Racing with the wind
> And the feeling that I'm under

Hier findet sich bereits die für den Metal emblematische Fusion der ‚liebenden Umarmung' der Welt und der gewaltförmigen Auseinandersetzung mit ihr. Das Motorrad steht dabei eben nicht nur für Rebellion und Trotz, sondern auch für das Gefühl der grenzenlosen Freiheit: für den selbstbestimmten, selbstwirksamen Flug über alle Widerstände hinweg.

Aber es ist nicht nur das Röhren der Motorräder, das im Metal-Sound mit seinen verzerrten Gitarren seinen Niederschlag gefunden hat, sondern auch das Hämmern der Stahlschmieden in den Industriestädten. So dürfte es kein Zufall sein, dass aus dem englischen Zentrum der Metallverarbeitung, Birmingham, gleich zwei der ‚Gründerväter' des Heavy Metal – Black Sabbath und Judas Priest – hervorgegangen sind. Ebenfalls kein Zufall ist, dass das wohl wichtigste Album der letzteren *British Steel* heißt. In ihm schlage sich der Sound der Birminghamer Stahlwerke nieder, gab Halford selbst zu Protokoll. Und tatsächlich kann eben dieses Album als Referenzwerk des ‚True Metal' gelten. Passend dazu gab sich die größte, erfolgreichste und langlebigste der klassischen Metal-Bands der Welt den Namen Iron Maiden. Metall, Eisen, Stahl und Blei – wenn man Led Zeppelin zu den Gründervätern dieser Musikrichtung hinzuzählen mag – bilden die materiellen, industriellen Referenzen, die sich im charakteristischen Klangbild des Metal niederschlagen.

Wo auch immer die Genrebezeichnung genau herrühren mag, unzweideutig ist, dass sich die Musikrichtung aus den härteren Varianten der Rockmusik der 60er und 70er Jahre entwickelte, die bald unter dem recht unspezifischen Begriff des *Hard Rock* zusammengefasst wurden. Dabei ist schon der Begriff ‚hart' durchaus erklärungsbedürftig. Wie können Schallwellen hart oder weich sein? Die *Härte* bezieht sich insbesondere auf die Dominanz elektronisch verzerrter Gitarren gegenüber rein ‚akustischen' Klängen, wie sie von der unverstärkten Gitarre, der Geige oder dem Klavier erzeugt werden, sowie auf die Prägnanz und bisweilen auch Sturheit der Rhythmen, die von Bass und Schlagzeug geradezu ‚eingehämmert' werden. Zudem ist das charakteristische Klangbild des Hard Rock wie das des Metal recht basslastig.

Prägendes Stilmerkmal des sich daraus entwickelnden Heavy Metal ist zunächst vor allem das Metal-Riff. Denn diese Musikart basiert grundlegend auf Gitarrenriffs, auf welchen wiederum die Songstrukturen aufbauen. Was aber ist ein Riff? Ein Riff ist eine kurze, meist nur zwei- bis viertaktige rhythmische und melodische Figur; ein Motiv, das immer wiederkehrt. Es verleiht einem Lied seinen jeweiligen Charakter, sein Grundmuster und sein musikalisches Gesicht. Das vielleicht berühmteste Riff dieser Art stammt von Ritchie Blackmore bzw. Deep Purple: Es wird aus den ersten zwölf Tönen von „Smoke on the Water" gebildet. Ungemein interessant ist dabei die Frage, welchen Grund und welche ästhetische Funktion eigentlich die Verzerrung der Gitarrenklänge durch die Verstärker und Effektgeräte hat. Warum werden die Töne nicht in ihrem reinen, ursprünglichen Klang verstärkt? Tatsächlich waren Verzerrungen in der Geschichte der elektrisch verstärkten Musik zunächst unerwünscht, sie entstanden ungewollt durch Beschädigung oder Übersteuerung. Erst in einem zweiten Schritt wurden sie dann von US-amerikanischen Jazz- und Blues-Musikern als ästhetisches Mittel entdeckt, das im Heavy Metal nicht zuletzt durch die berühmten Marshall-Röhrenverstärker zur radikalen Vollendung gebracht wird. Durch die Verzerrung werden jede Menge harmonischer und unharmonischer Obertöne dem Klangbild beigemischt, der Sound erhält Spannung und Biss; durch sie kommt die Ahnung einer unauslotbaren Tiefe hinzu. Durch die Verzerrung werden zugleich die tiefen wie die hohen tonalen Frequenzen hervorgehoben, was im Verbund den Eindruck der ‚Härte' oder ‚Heaviness' erzeugt. Die niedrigen Frequenzen erzeugen dabei das Gefühl von Tiefe und Gewicht, die hohen dagegen die Wahrnehmung von Schärfe und auch Aggressivität.[15] Verzerrte Töne sind also, so ließe sich das vielleicht zusammenfassend deuten, verfremdete, beschädigte ‚natürliche' Klänge, welche die Erfahrung von

Entfremdung in der Industriegesellschaft widerspiegeln und ästhetisch verarbeiten.

Nach meinem Verständnis offenbart sich damit im Sound selbst schon die unauflösbare Amalgamierung der singenden Engel und der röhrenden Monster. Die im Metal verwendeten Harmoniefolgen sind oftmals archaisch und von schlichter Reinheit. Sie unterscheiden sich kaum von den klassischen Sätzen der Kirchenmusik und von deren Harmonien und Akkordfolgen. Als jemand, der sowohl die Keyboards in Rock-Bands bedient als auch die Kirchenorgel spielt und manchmal beides kombiniert, indem er Metal-Songs heimlich in Kirchenlieder einbaut, kann ich das auch als musikwissenschaftlicher Laie beurteilen. Reine Wohlklänge wirken jedoch rasch langweilig, als sanft säuselnder Hintergrund. Durch die Verzerrung kommen Biss und Härte, kommt gleichsam ‚Entfremdendes' in den Sound, sodass die Musik auch als Widerstand spürbar wird. Durch sie wird der Klang als ein nicht harmloses, sondern lebendiges, eigensinniges, widerständiges Gegenüber erfahrbar. Aus der leichten Berührung, wie wir sie etwa in der sanften Meditationsmusik des New Age oder in belangloser Fahrstuhlmusik erfahren, wird die heftige Umarmung des Metal.

Zu einer eigenständigen musikalischen Szene wurde der so ‚gestrickte' Heavy Metal erst zu Beginn der 80er Jahre in Großbritannien, als eine ganze Reihe von Bands begannen, gegenüber den Urvätern des Hard Rock wie The Who, Deep Purple, Black Sabbath, Uriah Heep und Led Zeppelin noch härter und vor allem auch deutlich schneller zu spielen. Zu diesen bald unter dem Begriff ‚New Wave of British Heavy Metal'[16] zusammengefassten Bands zählen bis heute aktive Ikonen des Metal wie Iron Maiden, Saxon, Girlschool, Def Leppard, Praying Mantis. Hier wirkte sich ganz offensichtlich auch die etwa zeitgleich aufkommende Punkmusik auf die Entwicklung der harten Rockmusik aus, die sich beispielsweise auch in der (vorübergehenden) Verachtung von Keyboards niederschlug. Nicht unplausibel ist daher die Hypothese, dass die Bezeichnung ‚Heavy Metal' einfach dem Versuch der begrifflichen Steigerung des ‚Hard Rock' entsprang: Aus dem *Harten Felsen* wurde das *Schwere Metall*.

Indessen scheinen mir zwei Dinge besonders hervorhebenswert zu sein. Erstens war die Musik dieser Bands nie durchgängig ‚hart' im genannten Sinne. Gruppen wie Def Leppard oder Praying Mantis waren und sind durchaus nahe an ‚weicher' Rockmusik oder am Pop. Und (akustische) Balladen waren bald auch für Metal-Bands nicht nur ein wichtiges, Abwechslung stiftendes Stilmittel, sondern von großer emotionaler Bedeutung. Von der ‚harten' und insbesondere rhythmisch einfach gestrickten Basis aus entwickelten sich darüber hinaus nach und nach extrem komplexe und anspruchsvolle Formen des Metal, wie sie heute etwa von Bands wie Dream Theater, Tool, Riverside, Opeth, Orphaned Land, Porcupine Tree, Pain of Salvation oder Symphony X gespielt werden. Verschachtelte Rhythmen, vielstimmige Arrangements, ausgefeilte und oft auch ausladende Kompositionen, die zwanzig Minuten und mehr dauern können, sowie zum Teil auch exotische Instrumentierungen sind für die Musik dieser Gruppen charakteristisch.

Und zweitens war und ist die Grenze zwischen Metal und Rock absolut fließend, es gibt dazwischen keine kategorialen, sondern allenfalls graduelle Differenzen, die sich in aller Regel gar nicht an den einzelnen Songs, sondern eher an der Selbstverortung und dem Erscheinungsbild der Bands festmachen lassen. Von Anfang an aber war etwa eine Band wie Marillion Teil der Metal-Community, obwohl weder ihr Sound noch ihr Erscheinungsbild oder ihr Selbstverständnis ‚Metal' sind. Sie gehören dazu, weil sehr viele Metalfans die Musik von Marillion schätzen und umgekehrt, und weil dies auch auf viele Metal-Journalisten zutrifft, die es sich nicht nehmen lassen wollten, über Marillion zu schreiben. Sie stellten dann überrascht fest, dass ihre Texte auf Gegenliebe der Fans stießen. Tatsächlich werden die großen Alben der Rock- und insbesondere der Progressive-Rock-Geschichte – also etwa die Werke von Pink Floyd, Yes, King Crimson oder Genesis – heute von kaum jemandem so sehr verehrt, zelebriert und gepflegt wie von der Metal-Community. Zeitgenössische Metal-Bands beziehen sich in ihren Selbsterklärungen immer wieder auf diese Vorbilder; sie lassen sich von ihnen inspirieren, ahmen sie nach und covern und verarbeiten deren Songs und Sounds stets aufs Neue und in vielfältiger Form.

Nichtsdestotrotz war die *New Wave of British Heavy Metal* (abgekürzt: NWOBHM) ab etwa 1980 von zentraler Bedeutung für die Entstehung dessen, was heute die Heavy Metal-Subkultur bildet. In ihrem Zusammenhang stehen dann auch die Veröffentlichungen, Konzerte, Tourneen von Bands wie Judas Priest, Rainbow, Black Sabbath (in der Dio-Ära) oder Motörhead, die zwar schon davor existierten, aber nun einen gewaltigen Popularitätsschub erfuhren und ihren Sound entsprechend veränderten. Bei Motörhead wird dabei die musikalische Amalgamierung von Hard Rock und Punk vielleicht am deutlichsten. Im weiteren Sinne sind selbst noch die aus Deutschland stammenden Scorpions zu dieser Szene zu zählen, die ebenfalls schon deutlich früher aktiv waren, von der Heavy Metal-Szene aber gleichsam adoptiert (und später mit dem als zu ‚weich' und ‚kommerziell' empfundenen „Wind of Change" temporär wieder verstoßen) wurden. Die *New Wave of British Heavy Metal* wirkte stilprägend und geburtsstiftend sogar noch für das, was etwas später in den USA, insbesondere in der Bay Area um San Francisco, als Thrash Metal entstand. Lars Ulrich und James Hetfield von Metallica waren beispielsweise glühende Anhänger der NWOBHM-Bands Budgie und Diamond Head und eiferten in ihren Anfangstagen eben diesen nach.

Im deutschsprachigen Raum sind es zwei grundlegende Ereignisse, welche den Heavy Metal zu einer identitätsstiftenden, eigenständigen (zunächst) Jugend- und (später dann) Subkultur werden ließen. Zunächst die legendäre und spektakuläre „Rockpop in Concert"-

Veranstaltung des ZDF in der Dortmunder Westfalenhalle am 17. und 18. Dezember 1983, die Anfang Februar 1984 im Fernsehen ausgestrahlt wurde. Dort traten nacheinander die Michael Schenker Group, die Schweizer Band Krokus, die Amerikaner von Quiet Riot, Ozzy Osbourne, Def Leppard, Judas Priest, die Scorpions und als Krönung schließlich Iron Maiden auf. Ich erinnere mich gut daran, was dieses Konzert für mich als Teenager bedeutete. Wie ich schon bekannte, waren tatsächlich alle diese Bands zu jener Zeit (und um ehrlich zu sein: eigentlich bis heute) nahezu Götter für mich. Meine Freunde und ich hörten sie alle, wir ließen die Alben dieser Bands unter der Schulbank zirkulieren, nahmen sie auf Kassetten auf, versuchten an Infos über sie zu gelangen, was damals durchaus nicht einfach war. Vor allem: Die Erwachsenen, die Eltern und Lehrer hatten nicht den leisesten Schimmer von dieser Welt. Für mich war es genau dies: eine geheime Gegenwelt, intensiv, wild, sinnlich, körperlich, von der die Autoritäten ausgeschlossen waren. Und dann das: Das ZDF, der Hausfrauensender, das Lieblingsprogramm meiner Mutter, sendete das Konzert! *Unsere Musik!* Tatsächlich freute ich mich darüber wahnsinnig – es schien mir wie die behördliche Bestätigung, dass ‚meine Musik' eben doch nicht nur der letzte Dreck war, wie die Lehrer meinten, oder gar satanistischer Abgrund, wie die Eltern fürchteten, sondern richtige Kultur! Das Ergebnis war allerdings ernüchternd. Insbesondere *meine* Eltern mochten nicht glauben, was für wilde, ungehobelte Gestalten da zu sehen waren – und was für einen Krach die machten! Beirren ließen wir Jungen uns davon allerdings nicht.

Der Heavy Metal-Zug war auch deshalb nicht mehr zu stoppen, weil – als zweites bahnbrechendes Ereignis – zeitgleich ein Metal-Magazin das Licht der Welt erblickte, das ungeheuer einflussreich werden sollte: der *Metal Hammer*, dessen erste Ausgabe vom Januar 1984 ich noch immer wie einen Schatz hüte. Dass der Metal ein gleichsam eigenständiges Universum werden konnte, hängt ganz wesentlich damit zusammen, dass es diese enge Verbindung zwischen Bands,

Alben, Konzerten und Printmagazinen gab und noch immer gibt. Der allererste *Metal Hammer* machte massive Werbung, er *war* Werbung für die Heavy Metal-Nacht im ZDF. Umgekehrt wurde die Zeitschrift zum Erfolg, weil sie durch jene Ausstrahlung einen gewaltigen Schub erhielt. Den *Metal Hammer* gibt es bis heute, und er bildet bis heute ein Rückgrat der internationalen Metal-Community, ich werde darauf zurückkommen. Er war allerdings nicht die erste Metal-Fachzeitschrift. Sein Vorbild ist das lautmalerisch (nach dem Gitarrensound) betitelte britische *Kerrang!*-Magazin, das 1981 zum ersten Mal erschien und ebenfalls bis heute gedruckt wird.

3
Wer hört denn das Zeug?!

Die Frage, welcher sozialen Schicht oder welchem Milieu der Metal zuzuordnen ist, führt zu durchaus überraschenden Antworten. Im Gegensatz zum Punk, aber auch zu den ‚weißen‘, europäischen Adaptionen des Blues, Jazz oder Reggae, die allesamt meist von (verwöhnten) Mittelstands-Kids vorangetrieben wurden, entstammt der Heavy Metal zunächst tatsächlich eher dem Arbeitermilieu. Blickt man auf die Biografien der Musiker etwa von Iron Maiden, Judas Priest, Black Sabbath oder Saxon, aber auch von Guns n' Roses, Slayer, Anthrax oder Metallica aus den USA, kann kein Zweifel daran bestehen, dass die Musik dem Milieu tendenziell benachteiligter, oft sogar vernachlässigter Unterschichten-Kids entstammt. Daher rührt die verbreitete Überzeugung, Metal sei im Wesentlichen Musik für benachteiligte Jugendliche und abgehängte Unterschichten. Dazu passt dann die ebenfalls häufig anzutreffende Auffassung, „dass Heavy Metal als kulturell wertlos […] einzustufen sei, Heavy Metal sei mehr eine ästhetische Perversion als eine ernsthafte Kultur, mehr primitiver und destruktiver Exzess als schöpferische Kunst, eher Erfindung der Musikindustrie für unterprivilegierte Jugendliche als eigenständiger und kultureller Ausdruck sozial relevanter Gruppen", wie Rainer Diaz-Bone dieses Klischee treffend zusammenfasst.[17] Diaz-Bone ist ein in der Schweiz lehrender Soziologe, der ein äußerst lesenswertes, preisgekröntes Buch zum Vergleich der beiden Musikszenen Techno und Metal geschrieben hat. Er untersucht darin anhand der beiden führenden Szenemagazine der 90er Jahre, *Metal Hammer* und *Raveline*, worauf es der jeweiligen Community ankommt, das heißt, welche Kriterien zur Bewertung von Musik und von Künstlern angelegt werden, welche Wertvorstellungen wichtig sind und welche Strategien zur Abgrenzung von anderen Szenen verfolgt werden. Zu den Vorurteilen gegenüber den Metal-Hörern passen schließlich sowohl hartnäckige populäre Annahmen, dass

Heavy Metal Jugendliche gewalttätig oder suizidgefährdet mache, wie auch wohlmeinende (aus meiner Sicht eher zweifelhafte) wissenschaftliche Studien, die belegen zu können glauben, dass Metal der psychoemotionalen Gesundheit von Jugendlichen zuträglich sein kann, die sich ausgegrenzt, abgehängt und benachteiligt fühlen, weil er ihnen ein Gefühl von Zugehörigkeit und Schutz gibt.[18]

Tatsächlich aber hat sich im Laufe der Jahrzehnte zumindest die Hörerschaft ganz offensichtlich verändert – vielleicht gab es aber auch schon immer einen Graben zwischen Hörern und Musikern, denn nach meiner Erfahrung eroberte die *New Wave of British Heavy Metal* die Pausenhöfe und Schulbänke der Gymnasien weit schneller als die Werkbänke und Fabrikhallen. Jedenfalls fand eine an der Universität im britischen Warwick durchgeführte Studie zu den musikalischen Vorlieben von 1000 hochbegabten Jugendlichen mit einem IQ von mehr als 130 heraus, dass in dieser Gruppe der Anteil der Metalfans weit höher ist als in der Normalbevölkerung. Mehr als jeder dritte Hochbegabte zählte zu den Metalheads. „Krach für die Schlauen", titelte daraufhin der *Spiegel* und schrieb:

> Sie lösen die kompliziertesten Rätsel, spielen ganze Schachpartien im Kopf durch oder lernen nebenher Chinesisch – nur beim Musikhören schätzen sie den simplen Krach: Schüler mit einem Intelligenzquotienten von mehr als 130 entwickeln überdurchschnittlich oft eine Vorliebe für Heavy Metal – eine Musik also, unter deren Fans man eigentlich eher die einfachen Geister vermutet.[19]

Auch eine von dem Wirtschaftspsychologen Nico Rose 2021 durchgeführte Befragung von mehr als 6000 Metalfans im deutschsprachigen Raum ergab, dass deren Bildungsgrad über dem Durchschnitt der Bevölkerung liegt.[20]

Angesichts des zitierten Klischees vom beschränkten geistigen Horizont der Metalfans sind diese Ergebnisse vielleicht überraschend. Aus meiner Sicht noch aufschlussreicher ist aber der Befund einer umfangreichen psychologischen Studie, die Adrian North an der

Universität von Edinburgh durchgeführt hat. Danach weisen Metal-fans und Klassikhörer (im Unterschied zu den Anhängern anderer Musikstile) nahezu identische Persönlichkeitsmerkmale auf. In dieser Studie wurden mehr als 36 000 Menschen nach ihren musikalischen Vorlieben befragt und auf ihr Persönlichkeitsprofil im Hinblick auf die sogenannten ‚Big Five' der Persönlichkeitsfaktoren getestet. Bei den ‚Big Five' handelt es sich nicht etwa um eine Erweiterung der berühmten ‚Big Four' des amerikanischen Thrash Metal (Metallica, Slayer, Megadeth und Anthrax), sondern um ein in der Psychologie entwickeltes Modell zur Bestimmung der Persönlichkeitsmerkmale eines Menschen. Die fünf getesteten Faktoren dabei sind *Offenheit für Erfahrungen*, *Gewissenhaftigkeit*, *Extraversion*, *Verträglichkeit* und *Neurotizismus* (das heißt emotionale (In-)Stabilität).[21] Besonders auffallend war in der Studie die Übereinstimmung beider Hörer-gruppen im Blick auf *kreative Offenheit* (und ebenso auf hohe *Verträglichkeit* und Introvertiertheit).[22] North führte die überraschende Ähnlichkeit dabei auf eine geteilte spirituelle Grundorientierung zurück:

> Wir glauben, dass die Antwort [auf die Frage nach der Erklärung für die Übereinstimmung] darin liegt, dass beide Musikrichtungen etwas Spirituelles an sich haben. Beide sind sehr dramatisch, und es passiert viel in der Musik.[23]

Nun bin ich keinesfalls ein Anhänger der zahlreichen ‚Classic-Meets-Rock'-Projekte, in denen Rocksongs mit Orchester verziert werden. Sofern es sich dabei nicht um kreative Neuschöpfungen wie etwa bei Jon Lords oder Rick Wakemans Kompositionen oder Deep Purples *Concerto for Group and Orchestra* handelt (oder meinetwegen auch um die experimentelleren Werke von Dimmu Borgir oder Therion), sondern um die mehr oder minder simple Ausschmückung von ‚normalen' Songs mit Orchesterbegleitung, erscheinen mir solche Veranstaltungen den Kern beider Musikarten radikal zu verfehlen. Ihre Liebhaber sitzen nicht nur im Ohrensessel, sondern buchstäblich im Konzertsessel und lassen sich mit den bekannten Melodien von Evergreens und ‚Gassenhauern' berieseln, zu denen sie mitschunkeln und mitklatschen können, was im Zweifel auch umgekehrt geht, wenn klassische Kompositionen mit E-Gitarre, Bass und Schlagzeug dargeboten werden – Beispiele hierfür gibt es genügend. In solchen Verbindungen kann das ‚Geheimnis' jener überraschenden Parallele keineswegs begründet liegen. Das Produkt davon ist weder Metal noch Klassik, sondern lauwarme Unterhaltungskost.

Was dagegen nach meiner Beobachtung die beiden Genres wirklich miteinander verbindet, ist, dass ihren Liebhabern Musik als etwas von eigenständiger und zentraler Wichtigkeit erscheint; dass ihre hingebungsvollen Anhänger Musik nicht nur als Unterhaltung konsumieren und sie schon gar nicht zum ‚Mood Management' einsetzen, sondern auf der Suche nach echter und tiefer musikalischer Erfahrung sind. Natürlich gibt es Menschen, Sportler zum Beispiel, die sich vor einem Wettkampf mit Metal-Songs ‚heiß' machen. Das macht sie aber nicht zu Metalfans, sondern zu Metal*nutzern*.

Metal und Klassikhörer, wenn es ihnen ernst ist, erwarten von der und in der Musik eine wirkliche Begegnung und damit in gewisser Weise sogar eine Transformation ihres Daseins. Es geht ihnen um das Ausloten und Überschreiten von (Erfahrungs-)Grenzen. Vielleicht liegt hier auch der Zusammenhang zur (Hoch-)Begabung. Ein zentrales Merkmal solcher Begabung liegt nach meiner eigenen Beobachtung aus dreiundzwanzig Jahren Leitung von Schülerakademien in eben diesem Erfahrungshunger, der auch eine entsprechende Berührungsoffenheit voraussetzt. Kurz gesagt: Was Heavy Metal und Klassik miteinander verbindet, ist das Verständnis von Musik als transformative und zugleich identitätsstiftende Kunst, der es durchaus (und wie wir gesehen haben: buchstäblich) um die ‚letzten Dinge' geht. Was die Anhänger beider Musikstile – so unterschiedlich sie auch in ihrem Aussehen, Auftreten, Alltagsverhalten sein mögen – miteinander teilen, ist deshalb ihr Interesse an Konzerten und an ‚Werken' sowie an den Details derselben. Beide Gruppen lieben endlose Fachsimpeleien über Besetzungen, Aufführungsdifferenzen, die Entwicklungswege (d. h. die Fortschritte, Rückschritte und Irrwege) ihrer Lieblingskünstler, die Vor- und Nachteile bestimmter Instrumente und Aufführungsorte usw. Daher ist es vielleicht auch nicht verwunderlich, dass es so, wie es viele Radioprogramme gibt, welche die Tiefen und Untiefen, Nuancen und Verschiebungen in der Entwicklung und den Aufnahmen oder Konzerten klassischer und Neuer Musik diskutieren und ausloten, auch bemerkenswert viele Radiosendungen gibt, in denen Metalmusik nicht nur gespielt, sondern in aller Ernsthaftigkeit diskutiert und manchmal geradezu wissenschaftlich ‚seziert' wird.

Es ist daher wenig überraschend, dass sich Metalfans häufig der zeitgenössischen Kultur der ‚Playlists' verweigern, wie sie die Streamingdienste dominiert. Böse gesprochen ist es vielen Hörern von Playlists weitgehend gleichgültig, welchen Künstler, welches Album oder welchen Song sie gerade hören, solange er nur gefällig ist und ins Stimmungsbild passt. Dagegen dominiert in der Metal-Szene noch immer eine Haltung, welche die Auseinandersetzung mit dem Album als ‚Werk' einer Band sucht. Das ist der Grund dafür, warum die CD-Verkäufe im Metal (und Progrock) im Unterschied zu nahezu allen anderen Genres nur vergleichsweise moderat zurückgehen (und die Vinylverkäufe derzeit sogar stark zunehmen). Im Heavy Metal steht die CD oder die Schallplatte noch immer für das materialisierte ‚Werk', das auch als Gesamtkunstwerk aus Text, Musik, Schriftbild, Image und ‚Artwork' in Erscheinung tritt.

Als ebenso bemerkenswert wie aufschlussreich erscheint mir in dieser Hinsicht der Umstand, dass die Metal-Szene eine beispiellos ‚literate' Szene ist, die sich durch einen geradezu extrem hohen Grad an Belesenheit auszeichnet. Alleine auf dem deutschsprachigen Markt existieren aktuell mindestens acht an jedem besser sortierten Zeitungskiosk erhältliche Musikzeitschriften, die sich auf Hard Rock und Heavy Metal spezialisiert haben und teilweise seit Jahrzehnten existieren (*Breakout, Deaf Forever, Hardline, Legacy, Metal*

Hammer, Rock Hard, Rock It!, Sonic Seducer). Ergänzt werden diese inzwischen natürlich durch Online-Magazine wie *Time for Metal*, oder *metal.de*, die inzwischen ebenfalls seit mehr als zehn bzw. sogar fünfundzwanzig Jahren existieren. Hinzu kommen darüber hinaus die Zeitschriften *Rocks, Classic Rock, Visions* und *Eclipsed*, die ebenfalls einen hohen Verbreitungsgrad erlangt haben, nach eigenem Verständnis aber den kompletten Bereich der (anspruchsvollen) Rockmusik abdecken. In diesen vier Magazinen zeigt sich deutlich, dass die Hörer klassischer Rock-Bands und expliziter Metal-Bands und die entsprechenden Szenen mittlerweile weitestgehend miteinander verschmolzen sind. In den Heften von *Rocks* wie von *Classic Rock* sind Metal-Bands äußerst prominent sowohl im Blick auf die redaktionellen Beiträge und Besprechungen wie im Blick auf Leserbriefe, Lesercharts und Werbeanzeigen, und nicht selten auf dem Titelumschlag. Vertreter wie Metallica, Iron Maiden, Black Sabbath oder AC/DC gelten inzwischen geradezu als Inbegriff der Rockmusik.

In der Zeitschrift *Eclipsed* (die aus einem Pink Floyd-Fanzine hervorgegangen ist) und auch in dem kleineren Magazin *Empire Music* kommt hingegen die besondere Nähe zwischen dem, was sich in der traditionellen Rockszene als Progressive Rock oder Art Rock entwickelte, und der Heavy Metal-Szene zum Ausdruck. Bands wie Pink Floyd, Yes, Emerson Lake & Palmer, King Crimson, Van der Graaf Generator oder später auch Marillion, IQ, Arena, Pallas, Pendragon etc. zeichneten sich durch komplexe und oft überlange und auch experimentelle Kompositionen aus, die das konventionelle Strophe/Refrain-Schema weit hinter sich lassen und nicht selten eine Länge von zwanzig und mehr Minuten erreichen. Diese Tradition wird heute insbesondere von Metal-Bands wie Mastodon, Dream Theater, Threshold, Symphony X, Tool, Riverside, Opeth, Porcupine Tree fortgeführt. Dabei finden sich oft lange ruhige, meditative, instrumentelle und ,akustische' Parts in den Stücken, die klanglich und kompositorisch keinerlei ,Härte' im definierten Sinne aufweisen und daher per se auch durch nichts als ,Metal' zu identifizieren sind.

Die Zeitschriftenvielfalt ist aber umso bemerkenswerter, wenn man sie mit der Print- und auch Onlinelandschaft anderer Musikgenres vergleicht. Dort findet sich in aller Regel höchstens (noch) *ein* im regulären Zeitschriftenhandel erhältliches Magazin. In keiner Sparte gab es je eine vergleichbare Vielfalt mit vergleichbarem Verbreitungsgrad. Über die Techno-, House- und Electro-Szene berichtete etwa lange Zeit das *Raveline*-Magazin, das 1992 entstand, aber schon 2013 den Betrieb einstellte. Für Rap- und Hiphop-Musik gibt es seit 1997 die Zeitschrift *Juice*, die seit 2019 allerdings nur noch online erscheint. 2015 druckte sie noch etwa 15 000 Exemplare – alleine der *Metal Hammer* verkaufte im selben Jahr noch mehr als 30 000 gedruckte Hefte, während das *Rock Hard* noch einmal fast 25 000 weitere Leser hatte (2013). Diese markante Differenz zwischen Metal und anderen Spielarten populärer Musik macht meines Erachtens zweierlei deutlich: erstens, dass die Metal-Szene offenbar über ein sehr literates und das heißt auch gebildetes, belesenes Publikum verfügt. Und zweitens, dass diese Seite der Metal-Kultur unbedingt berücksichtigt werden muss, wenn man ihre individuelle und kulturelle Bedeutung für die Hörenden verstehen will. Ich werde daher darauf zurückkommen.

Zuvor allerdings will ich noch einen Blick auf die anderen sozialstrukturellen Indikatoren der Metal-Szene werfen – auf Alter, Geschlecht und ethnische Merkmale. Hier zeigt sich: Heavy Metal ist (noch immer) überwiegend, wenn auch keinesfalls mehr ausschließlich, männlich, weiß und ländlich – und keinesfalls mehr eine Jugendkultur.

Natürlich hat sich im Laufe der Zeit die Altersgrenze der Metal-Szene verschoben: Das Gros der Metalfans dürfte inzwischen der Generation der 40- oder gar 50-Jährigen angehören. Allerdings scheint mir der Eindruck, der sich in den Konzerthallen aufdrängt, dass Metal fast nur noch von ,Silberrücken' gehört wird, zu täuschen. Konzerttickets sind in den letzten Jahren sehr teuer geworden; sie lassen sich vom Taschengeld nicht mehr bezahlen. Die Konzertszene lebt von den inzwischen meist hohen Einkommen der treuen, langjährigen Fans, die einst auf dem Schulhof Iron Maiden-, Metallica- oder Ozzy Osbourne-LPs tauschten. Das bedeutet indessen nicht, dass keine neuen Fans mehr nachwachsen. Tatsächlich zeigt eine Statistik der Allensbacher Markt- und Werbeträgeranalyse (AWA), dass die Zahl der Menschen über 14 Jahre, die Hard Rock und Metal gerne oder sogar sehr gerne hören, von 2018 bis 2022 in Deutschland nicht etwa ab-, sondern von 17,42 auf 18,38 Millionen Hörer sogar spürbar zugenommen hat. Und es mangelt auch nicht an nachwachsenden jüngeren Bandvertretern wie Hammerfall oder Powerwolf, die inzwischen selbst gut etabliert sind, oder Greta van Fleet und Kissin' Dynamite, die noch sehr jung sind. Es ist also nicht davon auszugehen, dass dieses Genre sich als ein rasch aussterbendes generationales Projekt erweisen wird.[24]

Allerdings scheint mir plausibel zu sein, dass Heavy Metal sich von einem urbanen Musikstil der Industriestädte von Birmingham über Detroit ins Ruhrgebiet hin zu einem eher ländlichen Phänomen gewandelt hat. Die Hochburgen der Metal-Szene finden sich nach meiner Beobachtung heute eher bei der Dorfjugend als in den Großstädten. Daher ist es vielleicht auch kein Zufall, dass sowohl wichtige Heavy Metal-Labels wie *Nuclear Blast* als auch das weltgrößte Metal-Festival – *Wacken Open Air (= W:O:A)* – von geradezu ruralem Ambiente geprägt sind. Das mag damit zusammenhängen, dass großstädtische Subkulturen, wie schon der Soziologe Georg Simmel beobachtet hat, dem raschen Wechsel der Modewellen unterliegen, während sich kleinstädtische und ländliche Milieus eher durch traditionelle Beständigkeit und bisweilen konservative Hartnäckigkeit auch in subkulturellen Dingen auszeichnen.[25] Für Simmel, dessen Hauptwerk eine umfangreiche Philosophie des Geldes darstellt, bilden Großstädte und urbane Metropolen den Ort stetigen und sich beschleunigenden, auf die ‚Steigerung des Nervenlebens' zielenden kulturellen Wandels, während das Dorf und die Kleinstadt eher

durch das „ruhige Gleichmaß ununterbrochener Gewöhnungen"
gekennzeichnet seien.[26] Wenngleich seine Überlegungen mehr als
hundert Jahre alt sind, könnte sich dennoch etwas von dieser Differenz bewahrt haben, das den hartnäckigen Erfolg des Metal in
ländlichen Regionen erklären könnte.

Dessen ungeachtet hat sich die Metal-Szene inzwischen zu einem
weltweiten Phänomen entwickelt, so dass es Metalfans und Metal-
Bands in jedem Winkel des Erdballs von China und Indien über Ke-
nia bis nach Persien und Kolumbien gibt, wobei insbesondere japa-
nische und brasilianische Bands von Loudness bis Baby Metal und
von Sepultura bis Angra globale Anerkennung gefunden haben.
Dabei gibt es herausragende und stilprägende farbige Musiker von
Jimi Hendrix über Phil Lynott und Tony MacAlpine bis zu Doug Pin-
nick (King's X), Lajon Witherspoon (Sevendust) und Johannes James
(Threshold). Dennoch kann wenig Zweifel daran bestehen, dass das
Genre im Grunde ein ‚weißes' geblieben ist und dass schwarze musikalische Einflüsse von Blues über Soul und Funk bis Reggae eine
vergleichsweise geringe Rolle darin spielen. Wie aber sieht es in der
Geschlechterfrage aus?

Hier stoßen wir auf einen der vielleicht verwirrendsten Aspekte des
Heavy Metal. Auf den ersten Blick scheint die Sachlage klar zu sein:
Metal ist Musik von Männern für Männer, reichlich chauvinistisch,
tendenziell sexistisch. Entsprechende frauenverachtende Cover und
Texte finden sich bedauerlicherweise tatsächlich im Überfluss. Sieht
man jedoch genauer hin, ändert sich das Bild durchaus. Denn zum
Ersten gibt und gab es von Anfang an starke und prominente Me-
tal-Musikerinnen und auch reine Frauen-Bands wie Girlschool, Vixen
oder heute etwa Thundermother. Musikerinnen wie Joan Jett, Lita
Ford, Lee Aaron und Alissa White-Gluz (Arch Enemy) erreichten als
Frontfrauen nicht nur große internationale Erfolge, sondern auch
bedingungslose Akzeptanz in der Metal-Szene. Einen herausragen-
den Platz in der Metal-Community nimmt dabei die Düsseldorfer

Bandleaderin Doro Pesch ein, die mit ihren Bands Warlock und Doro zu den legendären (und außerordentlich erfolgreichen) ‚Urgesteinen' des Metal nicht nur in der deutschen Szene, sondern gleichermaßen auf internationaler Bühne zählt, wobei sie auch als intellektuelle und politische Stimme Gehör und Anerkennung findet und von ihren Fans geradezu verehrt wird.

In der Spielart des sogenannten Symphonic bzw. Epic Metal, in der harte Metalgitarren mit symphonisch-bombastischen Keyboard- und Orchesterklängen zusammengebracht werden, dominieren weibliche Leadsängerinnen sogar das Genre. Stilprägend war hierbei die finnische Band Nightwish, die mit der ausgebildeten Opernsängerin Tarja Turunen ins Rennen ging und diese Metalrichtung ins Leben rief. Inzwischen haben zahlreiche andere Bands wie Within Temptation, Delain, Epica, Edenbridge, Beyond the Black oder Visions of Atlantis erfolgreich nachgezogen. Feministinnen werden darin allerdings (zu Recht) nur begrenzt eine Relativierung der ‚toxischen Männlichkeit' im Metal sehen, denn das auf diese Weise erzeugte Muster erinnert zu sehr an die klassische ‚Beauty and the Beast'-Rollenteilung. Oft wird denn auch dem strahlenden Klargesang der Frontsängerinnen (und den orchestralen Klängen) ein tiefes, wildes Growling männlicher Counterparts gegenübergestellt, das von den Stakkato-Riffs der verzerrten Gitarren und wilden Doublebass-Attacken begleitet wird. Singende Engel und röhrende Monster erscheinen auf diese Weise musikalisch klar gegendert. Dahinter lässt sich durchaus ein sexistisches Konzept vermuten, bei dem Frauen in den Rollen der Engel oder der Huren erscheinen. Es ist daher kein Zufall, dass Heavy Metal häufig noch immer als durch heteronormative Hypermaskulinität und Hyperfemininität gekennzeichnet verstanden wird. Dies greift indessen zu kurz, wenn man die Geschlechternatur des Metal wirklich ergründen will. Denn Frontfrauen wie Doro Pesch oder auch Sabina Classen von Holy Moses und vor allem Angela Gossow und nun Alissa White-Gluz von Arch Enemy passen auf keine Weise in dieses Schema – bei Arch Enemy wird das rauhe Growling der Leadsängerin eher von der harmonischen Instrumentalfraktion konterkariert, so dass Monster und Engel hier verkehrt erscheinen. Und dabei handelt es sich um kein Randphänomen, denn diese Band ist spektakulär erfolgreich.

Eine verwirrende Verkehrung von Geschlechterstereotypen findet sich jedoch auch noch in einem ganz anderen Bereich der Szene, womit wir bereits beim zweiten bemerkenswerten Punkt im Blick auf den Gender-Aspekt sind: bei der geradezu dominanten und verwirrenden Androgynität im Erscheinungsbild auch ‚klassischer' Metal-Bands. Schon die langen Haare als Kernmerkmal jedes ‚echten Metallers' sind in der dominierenden männlich-patriarchalen Kultur der Gegenwart ja weiblich konnotiert, wenngleich lange Haare zu alttestamentarischen Zeiten ein Symbol männlicher Stärke waren – etwa bei Samson im biblischen *Buch der Richter*, der der gleichnamigen NWOBHM-Band den Namen verlieh. Tatsächlich wissen nicht wenige Metalfans von Prügeln und Beschimpfungen zu berichten, welche sie für ihre Haarpracht unter dem Vorwurf der Verweichlichung oder Verweiblichung einstecken mussten. Insbesondere (aber nicht nur) die US-Metal-Szene der späten 80er Jahre trieb die Androgynisierung aber noch viel weiter und machte sie zu einem dominanten, stilprägenden Merkmal. In Weiterführung und Radikalisierung der Glam Rock-Tradition, die etwa bei Marc Bolan und T-Rex oder David Bowie von Anfang an mit femininen bzw. androgynen Images, Kostümierungen und Bühnendarstellungen operierte, traten Bands wie Mötley Crüe, Ratt, Poison, WASP, Twisted Sister und selbst Guns n' Roses, Van Halen oder Aerosmith nicht nur mit extrem gestylten und geföhnten Haaren (weshalb heute gelegentlich auch von ‚Hair Metal' gesprochen wird), sondern auch feminin geschminkt und mit markantem Cross-Dressing auf, das durchaus an die Drag-Szene erinnert. Heute findet sich dieses Image etwa bei der (eher parodistisch anmutenden) Band Steel Panther. Verwirrend daran ist allerdings, dass der Habitus und die Texte dieser Bands geradezu extrem maskulin und nicht selten unverhohlen sexistisch sind. Von einem performativ-subversiven Impuls ist dabei nichts zu spüren. Robert Walser interpretiert dies als das Ergebnis des Versuches junger Männer, einerseits ihre toxisch-‚echte' Männlichkeit und patriarchale Dominanz über Frauen und andererseits zugleich ihre Rebellion gegen die ökonomisch und politisch dominante, bürgerliche Männlichkeit zum Ausdruck zu bringen.[27] Interessant ist dabei allerdings, dass auch europäische Power Metal-Bands wie etwa die Dänischen Rocker Pretty Maids (man beachte den Bandnamen!) diese Verwischung und Vermischung der Genderlinien betreiben, ohne direkt in jener Traditionslinie zu stehen, wobei sie sich durchaus politisch bewusst und eher liberal-progressiv geben. Hier scheint mir der androgyne Impuls tatsächlich eher bzw. unmittelbarer aus der romantischen Traditionslinie zu stammen, in der die Emotionalität und Sensibilität des Künstlers immer schon in expliziter Spannung zum bürgerlich-männlichen Dominanzhabitus des Kaufmanns und Unternehmers standen.

In jedem Falle werden durch solche ‚queeren' Elemente dominante heterosexuelle Orientierungen irritiert und infrage gestellt. Dies kann durchaus auch Verunsicherung und Ängste hervorrufen, wenngleich zu konstatieren ist, dass die Szene schon in den 80er Jahren bemerkenswert gelassen damit umging. In dem 1987 veröffentlichten Aerosmith-Song „Dude (Looks Like a Lady)" werden homo- bzw. transsexuelle Motive explizit thematisiert. So lautet ein Textausschnitt etwa:

> What a funky lady
> Oh, she like it, like it, like it, like that
> Oh, he was a lady.

Die Anthropologin Amber Clifford-Napoleone weist darüber hinaus auf die in der Tat auffälligen BDSM-Insignien (insbesondere auf Leder und Nieten) auf den Bühnen und an den Körpern vieler Metal-Bands hin und interpretiert das Genre auf radikale Weise geradezu insgesamt als ‚queer' bzw. als Drag-Inszenierung von Maskulinität.[28]

Während mir das als eine deutlich übersteigerte bzw. einseitige Sicht auf die Genre-Kultur erscheint, ist der Umgang der Szene mit Homosexualität durchaus bemerkenswert. Das oft zitierte Paradebeispiel hierfür ist Rob Halford, der Sänger von Judas Priest, einer der ‚klassischsten' aller Metal-Bands, dem nicht nur von seinen Fans, sondern auch von der Metal-Presse nicht zuletzt aufgrund seines ungewöhnlichen Stimmenumfangs, seiner markanten hohen Schreie und dem gleichnamigen Klassiker des ikonischen *British Steel*-Albums der Titel des ‚Metal God' verliehen wurde. Halford erscheint in vielerlei Hinsicht geradezu als Personifizierung des ‚reinen' bzw. ‚True Metal'. Entsprechend groß war seine Furcht, sich in der vermeintlich dominant heteronormativen Szene als homosexuell zu outen. Halford berichtet in seiner Autobiografie davon, in welcher Verzweiflung er sich ob des Konflikts zwischen seiner Sexualität und der vermuteten Homophobie seines Genres befand, was ihn lange Zeit davon abhielt, sich zu outen. Die Lage galt als dem Profifußball vergleichbar, in dem sich auch kaum ein Spieler zu outen getraut. Als Halford es 1998 in einem Interview mit dem Sender MTV schließlich doch tat – er war zu dieser Zeit nicht mehr Mitglied von Judas Priest –, war die Überraschung groß: Die Fans und die Szene, auch und gerade die True Metal-Fans, akzeptierten dies bedingungslos, und mehr noch, der Zuspruch war von allen Seiten unerwartet stark. Und so fand Halford viele ‚Nachahmer' unter anderen Musikern und Musikerinnen, wenngleich sich die Metal-Community auch schnell darin einig war, dass die Sexualität eines Musikers für die Wahrnehmung und Bewertung der Musik und der Kunst irrelevant sei. Halford blieb der unangefochtene ‚Metal God' und kehrte 2003 zu Priest zurück.

Einen wesentlichen Beitrag zu dieser Entwicklung leistete zweifelsohne die Metal-Presse. In Magazinen wie *Metal Hammer* und *Rock Hard*, aber natürlich auch in den internationalen Journalen wie *Kerrang!*, *Metal Forces* oder *Aardschock* wurde über Halfords Outing und Homosexualität berichtet und diskutiert, doch der Ton seitens der Journalisten wie der Fans war stets ein dezidiert liberaler, toleranter und progressiver, mit deutlich gesellschaftskritischen Akzenten.

Dies bringt uns zum letzten Punkt einer Soziologie des Heavy Metal im engen Sinne: Wie steht es um die politische Ausrichtung der Szene? Die Standardantwort von Fans wie von Musikern auf diese Frage lautet: Metal ist dezidiert unpolitisch, hat als solcher keine politische Botschaft und kein politisches Anliegen. Sozialwissenschaftlerinnen tendieren dazu, solchen Selbstauskünften zu misstrauen – häufig argwöhnen sie eine zumindest untergründig rechte, autoritäre, tendenziell sogar proto-faschistische Ausrichtung mindestens von Teilen der Szene. Das martialische Auftreten und Image der Bands, die scheinbare Gewalt- und Kriegsverherrlichung, die etwa bei Gruppen wie Amon Amarth oder Sabaton zutage tritt, die textlich stets über Schlachten und Kriegsgeschehen sinnieren, und vor allem die massiven symbolischen Anleihen an nordischen Mythen und Sagen lassen die Szene suspekt erscheinen. Wer über Thor, dessen Kriegshammer Mjölnir oder Valhalla singt und auf Albumcovern wie in Bandnamen Runenschrift oder Fraktur verwendet, wie es bei vielen Bands des Black Metal, aber zum Teil auch des Death, Pagan oder Viking Metal üblich ist, darf sich nicht wundern, wenn er ohne weiteres Besehen in rechte Schubladen gesteckt wird. In diese Schublade gehören fraglos tatsächlich eine ganze Reihe von Bands, insbesondere solche (aber keineswegs nur) der norwegischen Black Metal-Szene. Und natürlich gibt es auch unter Deutschrock-Bands und solchen, die zur sogenannten ‚Neuen Deutschen Härte' gezählt werden, sich aber für unpolitisch halten, Amalgamierungen von Metal-Stilelementen und politisch rechten, faschistischen oder sogar nazistischen Versatzstücken, während dezidiert politisch ausgerichtete Rechtsrock-Bands ihrerseits auch gezielt auf Metal-Elemente zurückgreifen.

Als radikal und gewalttätig entpuppten sich dabei etwa die norwegischen Burzum um Varg Vikernes, der nicht nur durch rechtsradikale Ansichten von sich reden machte, sondern 1994 auch wegen Kirchen-Brandstiftung, Sprengstoffbesitz und schließlich sogar wegen Mordes an seinem Bandkollegen Euronymous (Mayhem) zu 21 Jahren Gefängnis verurteilt wurde. Um ihn herum als Vorbild etablierte sich ein kleiner, vor allem auch in Osteuropa vertretener Ableger des Black Metal, der sich selbst als ‚National Socialist Black Metal' (= NSBM) bezeichnet. Zu ihm werden etwa Bands wie die polnischen Infernum und Thunderbolt oder die Thüringer Gruppe Absurd gerechnet. Die Musiker von Absurd bezeichneten sich insbesondere in ihrer Anfangszeit als Satanisten, drei von ihnen wurden 1994 wegen gemeinschaftlich geplanten und begangenen Mordes an dem fünfzehnjährigen Sandro Beyer (‚Sondershausen-Mord') verurteilt. Bei der in der Presse (u. a. in einer ARD-Dokumentation) als ‚Satansmord' bezeichneten Tat war der Schüler von drei Bandmitgliedern in einen Wald gelockt und mit einem Stromkabel erdrosselt worden. Aus dem Gefängnis heraus veröffentlichte die Gruppe 1995 eine EP unter dem Titel *Thuringian Pagan Madness*, auf deren Cover der Grabstein des ermordeten Fünfzehnjährigen abgebildet ist. Im weiteren Verlauf ihrer ‚Entwicklung' wandelte sich die Band vom Satanismus zum offen neonazistischen Rechtsradikalismus. Der Haupttäter, Hendrik Möbus, galt um 2000 herum als einer der bekanntesten Neonazis Deutschlands. So schrecklich und unentschuldbar diese Verbrechen auch sind und bleiben: Ein Zusammenhang zur Musik ist kaum erkennbar; Burzum blieben ein Randphänomen, und Absurd kennt kaum ein Metalfan.

Auch jenseits des NSBM gibt es allerdings Bands und Tendenzen, die politisch bedenklich erscheinen. Hohe Wellen schlug beispielsweise, dass Phil Anselmo, bis 2003 Sänger der US-amerikanischen Band Pantera, beim *Dimebash Festival* in Los Angeles im Jahr 2016 den Hitlergruß auf der Bühne zeigte und „White Power" schrie. Wenngleich er sich danach ausführlich dafür entschuldigte und auf seine Trunkenheit (und später auch auf psychische Probleme) hinwies, führte das zu nachhaltiger Ächtung in großen Teilen der Metal-Szene und zur Absage der Europa-Tour seiner Band Down. Die Reaktionen von Veranstaltern, Fans und Metal-Medien machten deutlich, dass sie ‚Trunkenheit' gewiss nicht als zureichende Erklärung oder Entschuldigung für solche Entgleisung gelten lassen. Noch im Frühjahr 2023 luden die Veranstalter der Festivals *Rock am Ring* und *Rock im Park* die bereits angekündigten, reformierten Pantera (nach heftiger Kritik u. a. durch die Toten Hosen) aufgrund jener Vorfälle wieder aus. Auch dies freilich nicht ohne neuerliche intensive und differenzierte Diskussionen in der Szene, unter welchen Bedingungen ein solcher, schwerwiegender Lapsus doch auch einmal verziehen und den Betroffenen bei glaubwürdiger Distanzierung eine zweite Chance gegeben werden sollte.

Diese Frage war bereits einige Jahre davor überaus engagiert und kontrovers am Beispiel der Deutschrock-Band Die Böhsen Onkelz erörtert worden. In der Essenz einigten sich Fans und die beteiligten Journalisten der Printmedien nach langer Diskussion am Ende darauf, dass das erste Album der Band (*Der nette Mann*, 1984) eindeutig als ausländerfeindlich, rechtsradikal und absolut inakzeptabel zu begreifen und abzulehnen sei, dass den damals noch blutjungen Musikern aber dennoch eine zweite Chance eingeräumt werden könne, da ihre Abkehr von solchen Tendenzen glaubwürdig erscheine. Der motivationale Ursprung der rechtsradikalen Passagen wurde eher im unbedingten Provokationswillen der Band denn in tiefsitzender politischer Überzeugung ausgemacht. Dennoch gibt es nach wie vor Redakteure wie Fans, welche die Onkelz aufgrund ihrer Vergangenheit ablehnen.

Allgemein zeigt sich bei näherem Hinsehen, dass die substanziellen Aussagen vieler Bands, die aufgrund der genannten Symbole und Merkmale zunächst einmal verdächtig erscheinen, politisch eher dem progressiven und liberalen, oft sogar explizit dem antifaschistischen Spektrum zuzuordnen sind. Prominente Beispiele hierfür wären etwa die ostdeutsche Band Heaven Shall Burn oder ihre französischen Kollegen von Gojira. Ihr Einfluss und ihre Bedeutung in der Metal-Szene sind unvergleichlich größer als die jener rechtsradikalen Bands, die nur ein winziges, kommerziell unbedeutendes Splittersegment vertreten. Heaven Shall Burn etwa, deren Album *Of Truth and Sacrifice* (2019) auf Platz 1 der deutschen Albumcharts einstieg, zeichnen sich durch dezidiert gesellschaftskritische Texte und entsprechendes antifaschistisches und politisches Engagement etwa in der Flüchtlingshilfe und dem Klimaschutz aus. Auch die noch erfolg- und einflussreicheren Musiker der Band Rammstein, deren visuelle Symbolik immer wieder den Vorwurf rechter Neigungen provoziert, positionieren sich im politischen Spektrum eindeutig. Till Lindemann, ihr Sänger, stellte im *Rolling Stone* unmissverständlich klar:

> Wir kommen aus dem Osten und sind als Sozialisten aufgewachsen. Wir waren früher entweder Punks oder Gruftis – wir hassen Nazis![29]

All das kann und soll nicht darüber hinwegtäuschen, dass sich auf dem weiten Feld des Metal natürlich auch jede Menge ambivalenter Tendenzen beobachten lassen – und dass es gewiss Bands, Fans und Hörer gibt, die einem rechten und autoritären Spektrum zugeordnet werden können; die Verkaufserfolge der Südtiroler Band Frei. Wild etwa zeugen davon.

Als politisches Sprachrohr der Metal-Szene lassen sich dabei insbesondere die Printmedien verstehen, die immer wieder klare politische Position beziehen und sich dabei ganz überwiegend ebenfalls deutlich und erkennbar auf der progressiv-liberalen Seite des politischen Spektrums verorten. Dort werden umfangreiche und bemerkenswert differenzierte Debatten über politische Themen und insbesondere auch den Umgang mit rechten Bands und Tendenzen geführt, deren intellektuelles Niveau häufig weit über jenes der Massenmedien hinausgeht. Auch um die Texte der neben Metallica einflussreichsten amerikanischen Thrash-Band Slayer gab es in der Metal-Szene lange und tiefgründige Auseinandersetzungen.

Aus der Community selbst stammten Rufe nach einem Boykott der Band aufgrund des sich um den KZ-Arzt Josef Mengele drehenden Songs „Angel of Death", dem Eröffnungsstück des *Reign in Blood*-Albums (1986). Der Text schildert Mengeles brutale Verbrechen in grausamer Explizität. Eine Glorifizierung der Verbrechen oder der Naziherrschaft findet sich indes keineswegs – eine Verurteilung allerdings ebenso wenig. Jeff Hanneman, Gitarrist der Band, erklärte dazu, das Lied werde offenbar deshalb kritisiert, weil Mengele nicht explizit als schlechter Mensch bezeichnet werde. Dass er dies aber sei, sei doch offensichtlich, und es würde die Intelligenz der Zuhörer beleidigen, das Offensichtliche auszuführen. Ich will an dieser Stelle die Debatte über Text und Band hier nicht weiter fortführen. Mir selbst sind und waren Slayer einigermaßen suspekt, und ich mag sie auch musikalisch nicht. Wichtig ist aber auch in diesem Zusammenhang, dass sich Zeitschriften, Fans und Szene gerade im Zuge solcher Diskussionen sehr wohl politisierten und sich mehrheitlich in ein progressives und/oder liberaldemokratisches Spektrum einordneten.

Federführend in der deutschsprachigen Landschaft war hier aus meiner Sicht die Zeitschrift *Rock Hard*, aber auch im *Metal Hammer* werden explizit und dezidiert politische Debatten geführt. So appelliert etwa der Online-Redakteur Eike Cramer, „hört endlich auf zu behaupten, dass Metal und Politik nicht zusammen gehören".[30] In seinem Beitrag weist er detailliert nach, dass Metal ganz überwiegend Musik aus der Perspektive disprivilegierter Gruppen sei und daher häufig sozial- und gesellschaftskritische Texte produziere. Metal beziehe folglich häufig Positionen für Migrantinnen, für indigene Gruppen, gegen soziale Ungleichheit und autoritäre Bevormundung und nicht zuletzt aufgrund der Nähe zum (amerikanischen) Hardcore auch für Positionen wie LGBTQIA+, Veganismus etc.

Das zeigt sich – um ein letztes Fallbeispiel zu bemühen – etwa auch an den Reaktionen auf die Beteiligung von Jon Schaffer, dem Frontman der beliebten US-amerikanischen True Metal-Band Iced Earth, am Kapitolsturm für Donald Trump vom 6. Januar 2021. Nachdem ein Foto davon um die Welt ging, verlor die Band nicht nur ihren Plattenvertrag, sondern auch den Sänger, den Bassisten und den zweiten Gitarristen. Die Musiker hatten sich bereits vor ihrem Ausstieg in einem Statement explizit gegen Schaffers Aktion gestellt. Selbst wenn man unterstellen möchte, dass diese deutliche Reaktion vielleicht eher auf externen Druck denn auf eigene Überzeugung erfolgte, macht sie doch klar, dass in der Metal-Szene rechts-autoritäre Tendenzen einen schlechten Stand haben – und sich eher schlecht verkaufen.

4
„Oh ja, ich erinnere mich!"
Was die Musik für das Leben der
Fans bedeutet

So, nachdem dies nun geklärt wäre, können wir uns der spannenden Frage zuwenden: Warum um alles in der Welt wollen Metalfans ihre Musik ständig *lesen*? Was hat denn Lesen mit Hören zu tun, und wie verbindet sich beides im Leben der Metalfans?

Heavy Metal-Fans hören in aller Regel nicht einfach coole Songs. Sie hören die Lieder vielmehr als spezifische Stücke eines je bestimmten Albums einer je bestimmten Band; oft können sie sogar sagen, an welcher Stelle in der Reihenfolge der Stücke eines Albums ein Song steht. Sie wissen genau, in welcher Phase der Bandgeschichte diese Lieder entstanden, veröffentlicht und live gespielt wurden, in welcher Besetzung die Band damals spielte und wie diese Stücke jeweils von den Kritikern und Fans rezipiert wurden. Offenbar erleben Fans ihre Bands als dynamische Gebilde, die eine wechselvolle Lebensgeschichte haben – genau wie die Fans selbst. Die Metal-Anhänger gehen mit ihren Lieblingsgruppen – und das ist nie nur eine, das ist eher die gesamte Szene, in der jeder Fan seinen je eigenen Schwerpunkt setzt – gleichsam durchs Leben. Häufig durch das ganze Leben. Das ist der Grund dafür, weshalb Fans immerzu von ihren Bands und von ihrer Szene lesen wollen.

Meine These (und meine Erfahrung) lautet, dass die Lieblingsbands fast so etwas wie eine ,Zeugenschaft' der eigenen Lebensgeschichte übernehmen. In einer hochdynamischen Gesellschaft wie der Spätmoderne, in der Freunde, Jobs, Lebenspartner und Wohnorte oftmals kommen und gehen, gibt es für die meisten Menschen nicht allzu viele andere Personen, mit denen sie über die verschiedenen

Lebensphasen hinweg in Verbindung bleiben, und die sie ihr Leben lang gleichsam aus der Halbdistanz begleiten. Bands wie Iron Maiden oder Metallica sind jedoch feste, verlässliche Konstanten im Leben ihrer Fans. Aber es sind eben zugleich keine erstarrten, unbeweglichen, immergleichen Referenzpunkte, sondern ihrerseits lebendige Gebilde, die sich gleichfalls wandeln, verändern und entwickeln. Die Folge ist eine Art Koevolution von individuellen Lebensgeschichten und Bandgeschichten, und natürlich darüber hinaus der Metal-Szene oder -Community insgesamt.

Ja, ich erinnere mich genau, als Iron Maiden ihre erste gleichnamige Platte veröffentlichten.

> Walking through the city, looking oh so pretty
> I've just got to find my way

Dies sind die ersten Zeilen des ersten Songs („Prowler"). Und diese Worte fegten in mein Leben wie nichts anderes. „I've got to find my way": Das meinte mich, das sprach zu mir, auch wenn der Text insgesamt nicht viel Sinn ergibt. Ich habe diese Platte als Teenager heimlich auf der Stereoanlage meines Vaters abgespielt, als dieser arbeiten war, und mit dem eingebauten Mikrofon meines Kassettenrecorders aufgenommen. Und dann tausendmal gehört. Und ich erinnere mich an das zweite Album von Iron Maiden, *Killers*, das ich zwar nicht sonderlich mochte, aber ich versuchte, „The Ides of March" auf dem Keyboard nachzuspielen.

Und dann, im Jahr 1981, der Schock: Paul Di'Anno, der Sänger, hat Iron Maiden verlassen! Genauer gesagt: Er wurde gefeuert – und sogleich die bange Frage: wie der Neue wohl sein würde? Ich erinnere mich sehr genau, wie ich mit Stefan im Schallplattenladen stand – ich hatte den einen, er den anderen der beiden Kopfhörer auf – und wie wir zusammen die neue Platte *The Number of the Beast* anhörten. Bruce Dickinson! Ehrlich gesagt brauchte ich eine Weile, bis ich mich mit seinem Gesang anfreundete. So richtig war das erst der Fall mit der folgenden Scheibe *Piece of Mind*, die im Jahr 1983 erschienen ist. Dazwischen wurde der Drummer, Clive Burr, durch Nicko McBrain ersetzt. Als Burr zwölf Jahre später an Multipler Sklerose erkrankte, nahmen die Maiden-Fans dennoch großen Anteil an seinem Schicksal, und die Band spielte mehrere Benefizkonzerte für ihn: Auch in solchen Dingen kommt die Verknüpfung der Lebensgeschichten von Bands, Fans und Musikern zum Ausdruck.

Bereits 1984 folgte dann das nächste Album *Powerslave*. Schon allein das Cover war eine Wucht, und das Album enthielt den ersten Longtrack der Band, „Rime of the Ancient Mariner", was mich schon deshalb begeisterte, weil ich ja ‚heimlich' auch auf die Progrock-Bands wie Yes und Pink Floyd stand und diese nun einmal überlange Lieder machten. In dieser Hinsicht näherten sich also meine Idole einander an; Iron Maiden wurden progressiver.

Nach der ausgedehnten *World Slavery Tour* erschien das Live-Doppel-Album *Live after Death*. Welcher Maiden-Fan kennt die Mitschnitte aus dem Hammersmith Odeon in London (1984) und aus der Long Beach Arena in Kalifornien (1985) nicht? *Scream for me, Long Beach!* Zeitgleich machte ich Abitur, sodass dies zugleich mein persönlicher Freiheitsschrei war. Die *Somewhere in Time*-Scheibe aus dem Jahr 1986 habe ich mir unlängst remastered noch einmal gekauft. Es ist mein Lieblingsalbum von Iron Maiden, schon allein deshalb, weil es endlich mit Keyboards bzw. Gitarrensynthesizern aufwartet – und weil die Gitarrensoli einfach überwältigend sind.

Ich machte Zivildienst und begann anschließend zu studieren – und Iron Maiden wurden mit der *Seventh Son of a Seventh Son*-Platte (1988) noch ein wenig progressiver und danach, mit *No Prayer for the Dying* (1990), ziemlich schlecht. Das Cover des Nachfolgealbums *Fear of the Dark* mit Eddie als Dämon im bzw. als Baumstamm ist eine optische Wucht, und der ikonische Titelsong wird heute bei jeder Show von Iron Maiden schon vom Gitarrenintro an aus tausenden von Kehlen so lautstark und inbrünstig mitgesungen, dass man sich einer Gänsehaut kaum erwehren kann.

Abb. 1: Iron Maiden, *Fear of the Dark:* Das Grauen lauert unter der Oberfläche …

Kurze Zeit darauf wechselte ich von Freiburg nach Berlin und begann meine Doktorarbeit, und auch bei Iron Maiden gab es signifikante Wechsel. Erst ging Adrian Smith, der Gitarrist, und dann auch noch Bruce Dickinson. Eine überaus turbulente Phase, und mit dem neuen Sänger, Blaze Bayley, wurde ich (wie viele andere) nie richtig warm, auch wenn er in den Interviews als netter Typ rüberkam.

Die beiden Scheiben mit ihm (*The X Factor* und *Virtual XI*) habe ich natürlich trotzdem gekauft, aber nicht oft gehört und nie geliebt.

Dann aber wurde doch noch alles gut: Ich fand Ende der 90er Jahre eine feste Stelle als Hochschullehrer und Forscher an der Universität Jena, und beinahe zeitgleich kehrten 1999 Dickinson und Smith mit dem fantastischen *Brave New World*-Album zur Band zurück. Und apropos New World: 2002 war ich als Gastdozent an der New School University in New York, als das Live-Album und -Video *Rock in Rio* erschien. Es dokumentiert Maidens Abschlusskonzert der *Final Frontiers*-Tour vor 250 000 Menschen auf dem *Rock in Rio*-Festival. In der Retrospektive war es vielleicht diese Aufnahme, die in mir den Entschluss reifen ließ, mich irgendwann einmal an dieses Metalbook zu wagen. Ich habe den Konzertauftakt viele, viele Male gesehen – er ist für mich der Inbegriff einer ‚Epiphanie', die Manifestierung einer unbegreiflichen Macht.

Ich verzichte darauf, die Verbindungslinien zwischen meiner eigenen Lebensgeschichte und der von Iron Maiden (die sich beispielsweise über den Schock der Krebserkrankung von Dickinson zum grandiosen Spätwerk *Book of Souls* und zur aktuellen Doppelscheibe *Senjutsu* führen ließe) hier im Einzelnen weiter nachzuzeichnen. Über sie hat sich Iron Maiden gewissermaßen akustisch in mein Leben eingeschrieben, und tatsächlich könnte ich ähnliche Parallelgeschichten auch etwa über Black Sabbath, Marillion, Savatage oder Dream Theater schreiben.

Wie ich die Alben von Black Sabbath mit Ronnie James Dio liebte, als ich noch Schüler war! Wie verwirrt Stefan und ich waren, als im Jahr 1982 plötzlich Ian Gillan als Sänger von Deep Purple zu Black Sabbath wechselte. Stefan durfte zum Konzert der Band ins nahegelegene Schweizerische Frauenfeld, ich nicht. Als die Scheibe *Seventh Star* (1986) mit Glenn Hughes als Sänger erschien, hatte ich gerade den Zivildienst begonnen und fühlte mich einsam. Und so geht mir der Übergang vom schweren, schleppenden Song „Angry Heart" in das düster-melancholische „In Memory" noch immer tief unter die Haut: „No one told me the way I should feel ..."

Mit der Platte *The Eternal Idol* im Gepäck, auf der der unterschätzte Tony Martin sang, spielten Black Sabbath 1987 sogar in einer Kleinstadt bei mir um die Ecke, in Waldshut-Tiengen (genauer gesagt in der Stadthalle von Tiengen – in Waldshut ging ich in die Schule), und niemand mochte sie damals hören, außer mir. Eine Lokalzeitung ätzte sogar, die Band solle sich jetzt lieber in White Christmas umbenennen.

Wie cool ich das *Headless Cross*-Album von 1989 fand, auf dem Cozy Powell trommelte, den ich von der Michael Schenker Group und von Rainbow her kannte. Damals studierte ich als junger, undergraduate Student in London und sah Ozzy Osbourne im Hammersmith Odeon. Erst in dieser Zeit begann ich, wie ich heute denke, wirklich bewusst, selbstbestimmt und intensiv zu leben – und ich fand Ozzy kurioserweise schon damals zu alt und hielt es für absolut geschmacklos, dass er seinen Sohn Jack als Kind mit auf die Bühne zerrte. Aber seine Alben – fantastisch! Dann kam Ronnie James Dio 1991 zu Black Sabbath zurück, und schließlich, viel später, erfolgte endlich die Reunion von Tony Iommi mit Ozzy Osbourne (1997). Die Tilgung von Tony Martin und der mit ihm aufgenommenen Alben aus der Bandgeschichte – auf der *Cross Purposes*-Tour habe ich sie im Huxley's in Berlin gesehen: denkwürdig! – finde ich allerdings bis heute unerträglich, das ist so, wie wenn eine Familie eine Leiche im Keller hat ...

Und wie bei Iron Maiden hält auch bei Black Sabbath, die klar vor meiner Zeit begannen, die Parallelgeschichte an: Das *The End*-Album war noch nicht das tatsächliche Ende, wenige Wochen nachdem ich dies hier schreibe, wird das neue Ozzy Osbourne-Album erscheinen (*Patient Number 9*), und alle Magazine berichten, die

Lieder, die Tony Iommi dafür geschrieben und aufgenommen habe, seien schlicht großartig: Ich kann es kaum erwarten!

Was ich zeigen will: Iron Maiden, Black Sabbath und viele andere Bands, einschließlich Yes oder Pink Floyd, mit ihren unfassbar wendungsreichen Geschichten, sind ‚stumme' Zeugen meines eigenen Lebens geworden. Oder besser: eben nicht stumme Zeugen, sondern redende, sprechende, sich verändernde, Irrwege beschreitende, Höhen und Tiefen erlebende Begleiter, die den sich entfaltenden Soundtrack meines Lebens prägen und nebenher nicht nur Interviews geben, sondern auch ihre eigenen Biografien schreiben. Selbst die Geschichte einer Band wie Metallica, die ich gar nicht zu meinen Favoriten zähle, ist zu einer Parallelgeschichte für mich geworden, einfach deshalb, weil Metallica ein Kernbestandteil dieser Musikrichtung und von großer Bedeutung für deren Entwicklung insgesamt sind, und auch, weil das Schwarze Album oder auch das vorletzte, *Hardwired … to Self-Destruct,* m. E. schlichtweg klasse Scheiben sind.

Im Zentrum dieser fast wie eine Doppelhelix miteinander verschlungenen Parallelgeschichten, dieser Zeugenschaft, stehen *Bands*, und die ‚Verwebung' der Band-Geschichten mit den Lebensläufen der Fans verläuft über Alben und Konzerte. Eine Band nimmt ein neues Album auf, das die Fans sich fast buchstäblich ‚einverleiben'. Auf diese Weise wird das Album Teil beider Leben: für die einen in produzierender, für die anderen in rezipierender Form, und beide begegnen sich dann leibhaftig auf Tour oder bei den Festivals.

Die Alben fallen indessen für die Fans nicht einfach vom Himmel. Lange vor deren Erscheinen, ja schon, wenn eine Band ins Studio geht oder mit dem Schreiben von Songs beginnt, fangen die Magazine an, darüber zu berichten. Fans (und auch die übrigen Leser, die gar nicht Fans einer Band im engen Sinne sind, aber die Szene insgesamt verfolgen) wissen stets ziemlich genau, welche Band wann und vor allem in welcher Besetzung im Studio ist. Es erscheinen erste Interviews über die Ausrichtung des in Arbeit befindlichen Albums – werden die Songs härter und kürzer, oder länger und melodischer, opulenter oder eher reduziert instrumentiert, schneller im Grundbeat oder eher schleppender; welche Gastmusikerinnen spielen mit, wer produziert die Scheibe, wer mixt sie ab, gibt es ein textliches/inhaltliches Konzept usw. Flankierend zu solchen Interviews finden sich oft ausführliche Studioberichte: Indem die Bands einzelne Redakteure ins Studio oder später ausgewählte Journalisten zu ‚Listening Sessions' einladen, auf denen die Songs erstmals vorgespielt werden, erfahren die Fans etwas darüber, wie das neue Album *klingen* wird.

Und kurz vor der Veröffentlichung werden dann mehr oder minder alle Alben, die von den etablierten Plattenlabels (und davon gibt es eine große Menge) veröffentlicht werden, in den ‚Soundchecks' der Magazine besprochen. Dabei vergeben alle an einem Magazin beteiligten Musikjournalisten Punkte an die Neuerscheinungen nach ihren je eigenen ästhetischen Kriterien, meist auf einer Skala von eins bis sieben, zehn oder auch zwölf. Dazu findet sich natürlich stets auch eine ausführliche Einzelbesprechung jeder Scheibe. Hartgesottene Fans vergleichen dann nicht nur, wie eine Scheibe bei den unterschiedlichen Magazinen jeweils abschneidet – welchen Platz sie im Soundcheck-Ranking einnimmt –, sondern auch, welcher Redakteur wie viele Punkte vergibt. Treue Leser kennen den individuellen Geschmack und die Bewertungskriterien der einzelnen Redakteure genau und können sich anhand von deren Bepunktung (und deren Vorab-Playlists) ein recht präzises (Klang-)Bild von der bevorstehenden Veröffentlichung machen.

Natürlich dient das alles auch dem (kommerziellen) Spannungsaufbau. Die Veröffentlichungstermine stehen lange vor dem Release fest, und die allermeisten Metalfans wollen die neuen Scheiben ihrer Bands am Veröffentlichungstag (seit 2015 ist das stets ein Freitag, weil Alben global gleichzeitig veröffentlicht werden sollen) oder, mit etwas Glück und noch viel besser, bereits ein paar Stunden früher in den Händen halten. Dies ist der Grund, weshalb die Alben auch weniger bekannter Bands oft sehr hoch, nicht selten sogar auf der Spitzenposition, in den Charts einsteigen (z. B. Heaven Shall Burn), danach aber rasch wieder aus den Hitparaden verschwinden. Sie verkaufen sich nicht nach und nach über viele Wochen hinweg, sondern nahezu auf einen Schlag.

Nach der Veröffentlichung eines Albums beginnt dann die Diskussion unter den Fans, die (auch) auf den Leserseiten der Magazine geführt wird und von dort an die Bands zurückgespiegelt wird. In der Regel geht eine Band nach einer Plattenveröffentlichung auf Tour, und damit beginnt die Berichterstattung von Neuem: In Interviews und ‚Storys' wird vor Tourneebeginn über die zu erwartenden Shows, die Songauswahl, über die Bühnenaufbauten und die vorgesehenen Showeffekte gesprochen, aber eben auch über die Fan- und Kritikerrezeption der veröffentlichten Alben diskutiert. Dabei stehen zwei Themen im diskursiven Mittelpunkt: einerseits die Frage, ob eine Band sich musikalisch und künstlerisch weiterentwickelt hat, oder ob sie stagniert (und sich wiederholt), oder ob sie sich gar verkauft und verraten hat, indem sie nicht den Anforderungen der Musik, sondern den Wünschen der Plattenfirmen nach höheren Absätzen gefolgt ist. Im unausgesprochenen, aber tief verankerten Selbstverständnis der Szene sind es interessanterweise stets die Plattenfirmen (und gelegentlich auch die Manager und Produzenten), die an größeren Verkaufserfolgen interessiert sind, während die Musiker selbst ausschließlich ihren künstlerischen Aspirationen zu folgen versuchen – dies gehört zum romantischen Erbe des Musikstils, auf das ich noch zurückkommen werde. Andererseits aber auch die Frage, wie sich die Bandbiografie entwickelt: Ob der Ausstieg von Musikern aus einer Band und entsprechende Neueintritte die Authentizität (und künstlerische Qualität) einer Band verbessern oder gefährden und wie sich das Bandgefüge auch ohne personelle Veränderungen wandelt und entwickelt, welchen Anteil am Schreiben und Aufnehmen eines Albums welcher Künstler jeweils hatte, usw.

Tatsächlich gilt es dabei für die Bands stets, einen schwierigen Balanceakt zu bewältigen. Dieser besteht darin, einerseits eine stringente Weiterentwicklung des je eigenen Stils glaubhaft zu machen und die entsprechenden musikalischen und personellen Veränderungen als authentische Entfaltung des Bandcharakters erscheinen zu lassen, andererseits aber doch zugleich die ‚Treue' zum je eigenen (Sub-)Genre und zur Geschichte zu wahren und Kontinuität erkennen zu lassen. Das bedeutet, dass zwischen den aufeinanderfolgenden Veröffentlichungen genügend Differenzen bestehen müssen, um dem Vorwurf des künstlerischen Auf-der-Stelle-Tretens zu entgehen, aber zugleich hinreichend Kontinuität gewahrt werden muss, um den Charakter von Band und Stil erkennbar zu halten. Wird eine Scheibe von Fans und Kritikern gelobt und etwa als ‚Meilenstein' gefeiert, wird sie als Steigerung und gleichsam Vollendung einer stringenten musikalischen Entwicklung, die sich über mehrere Alben hinweg abzeichnete, begriffen.[31]

Auf Konzerten begegnen sich Fans und Musiker schließlich unmittelbar und körperlich. Resonanzen werden bei diesen Gelegenheiten leibhaftig spürbar. Künstler berichten immer wieder, dass sie Fanreaktionen während eines Konzertes körperlich spüren können; sie fühlen und hören es, ob die neuen Songs ‚ankommen' oder eben nicht, und passen ihre Setlisten entsprechend an. Und fast alle großen Bands nehmen sich auch viel Zeit für die individuelle Begegnung mit Anhängern, die oft ebenfalls von den Magazinen organisiert wird. Aber auch ohne solche individuellen Treffen werden die Konzerte für die Fans schon allein deshalb zu zentralen Fixpunkten, weil sich die Lebenswege mit ihren Idolen hier ja wirklich physisch kreuzen. Die inneren Zeugen des Lebens werden für zwei Stunden auch zu äußeren Zeugen. Die Deutschrock-Band BAP hat die biografische Bedeutung dieses Moments in ihrem Lied „Hück ess sing Band en der Stadt" treffend auf den Punkt gebracht: Die Bühne wird zum Mekka, zum Pilgerort der Fans, für die das Konzert zu einem fast heiligen Geschehen wird, weil die Musiker ganz unmittelbar *für sie* und *zu ihnen* spielen, weil die gefühlte innere Verbindung zu einer physisch manifesten, äußeren wird. So wie der Fluss zum Ozean muss, singt Wolfgang Niedecken von BAP, muss der Fan ins Konzert. Es ist der Erfüllungsort seiner Sehnsucht.

Nach (und auch schon während) der Tour geht die Reflexion und Diskussion unter Fans, Musikern und Journalisten in den Zeitschriften indes weiter, indem Konzert- und Tourberichte erscheinen und das Bühnengeschehen von beiden Seiten unter die Lupe genommen wird.

Damit haben wir nun aber eine Antwort auf die Frage, wieso es so viele auflagenstarke Metal-Magazine gibt. Es sind die Zeitschriften (und flankierend andere Medien, denn natürlich spielen auch Youtube, Instagram etc. eine wachsende Rolle), welche die Verbindung zwischen Fans und Bands stiften und beider biografische Entwicklungen kontinuierlich miteinander verweben. Sie tun dies inzwischen übrigens auch immer stärker retrospektiv: Magazine wie *Rocks* und *Classic Rock*, zunehmend aber auch die klassischen Metal-Zeitschriften berichten immer emsiger und häufiger und unermüdlich über vergangene Phasen der Bands und über teils lange zurückliegende Albenproduktionen. Immer wieder gibt es ausführliche Rückblicke auf vergangene Jahre und sogar Jahrzehnte, in denen wichtige rockmusikalische und gesellschaftlich-politische Entwicklungen und Ereignisse zueinander in Beziehung gesetzt werden. Die Nachhaltigkeit eines Werkes und die Bedeutung soziopolitischer Geschehnisse erscheinen mit wachsender Distanz immer wieder in neuem Licht.

Und wir verstehen, warum Metalfans Musik *lesen* wollen: Weil sie ihnen wichtig ist. Weil ihnen jedes Detail daran wichtig ist. Weil sie Musik bzw. Alben als Kunstwerke betrachten, die etwas von ihnen fordern, ehe sie etwas geben. Und weil die Musik in ihrem und für ihr Leben und ihre Identität eine zentrale Rolle spielt.

5
Mit Ganzkörpergänsehaut und Tränen in den Augen: Metal hören

Um aber zu verstehen, was da genau geschieht, kommen wir nicht umhin, über die Außenseite des Geschehens (also über das, was man beobachten kann, ohne die Musik zu hören) hinauszugehen und zu untersuchen, was sich im Inneren, in der Hör- und Konzerterfahrung selbst abspielt. Was macht die *Musik selbst* mit den Hörern?

Dieses Kapitel ist vermutlich das schwierigste in diesem Buch: Was macht Musik mit uns? Macht sie nicht möglicherweise in jedem von uns etwas anderes? Und können wir das jemals wissen? Die Analyse der Innenseite heißt in der Wissenschaft ‚phänomenologische Analyse‘. Sie nimmt die subjektiven Eindrücke und Erfahrungen in den Blick. Sie ist umstritten, denn manche Wissenschaftler meinen, das gehe nicht auf wissenschaftlichem Wege; Wissenschaft sei objektiv, nicht subjektiv. Der Gegeneinwand der Phänomenologen – dazu zählen etwa die Philosophen Edmund Husserl, Maurice Merleau-Ponty, Michel Henry, Lambert Wiesing oder Bernhard Waldenfels – lautet: Subjektiv heißt nicht individuell.

Wenn ich die Differenz zwischen der Erfahrung einer Metalgitarre und einem Glockenspiel beschreiben will, oder zwischen einem Dur-Dreiklang und einem Moll-Akkord, komme ich nicht ohne Beschreibung des subjektiven Eindrucks, meines inneren Erlebens aus. Dennoch habe ich gute Gründe für die Annahme, dass meine Erfahrung und die Erfahrung anderer Menschen hier nicht radikal auseinanderfallen. Denn diese Erfahrung ist im Phänomen selbst, oder genauer: in der Wechselwirkung zwischen dem ‚objektiven‘ Phänomen (dem Klang) und der ‚subjektiven‘ Wahrnehmung begründet. Die beste Weise, die Grenzen der Generalisierbarkeit eines Eindrucks herauszufinden, besteht darin, das eigene Erleben so genau wie möglich zu beschreiben und dabei möglichst diejenigen Elemente ‚abzuziehen', die rein individuell sind (also zum Beispiel meine persönliche Abneigung gegen das Glockenspiel, die vielleicht daraus resultiert, dass ich als Kind immer eines gehört habe, wenn ich krank im Bett lag und nicht ins Freie durfte). Die daraus resultierende Beschreibung eines Eindrucks oder einer Erfahrung (etwa des Dur-Dreiklangs) muss ich dann mit den Beschreibungen bzw. mit den Berichten anderer vergleichen und sie in dialogischer Form allen möglichen kritischen Einwänden aussetzen. Das Folgende ist mein Versuch, die Erfahrung des Metal-Hörens auf solche Weise unter die Lupe zu nehmen; es ist das Ergebnis eben nicht nur der Analyse eigenen Erlebens, sondern auch des Gesprächs mit vielen Freunden und des Vergleichs mit den Erfahrungsberichten und Schilderungen vieler anderer Metalfans, Musikerinnen und Journalisten.

Was also passiert, wenn wir Metal hören? Zunächst einmal muss man diese Musik tatsächlich *laut* hören, wenn man ihre volle Wirkung spüren will. Das ist ganz einfach deshalb so, weil es eine in hohem Maße physische Wirkung ist, die von ihr ausgeht. Für Hörer, die die Klänge willkommen heißen und sich ihnen gegenüber öffnen, ist es eine umarmende Berührung. Für die anderen stellt es eher einen Angriff dar, dem gegenüber sie sich wehren und verschließen müssen. Schon als Jugendlicher kam mir der Gedanke (oder mehr noch: die Empfindung), dass die Klänge für mich so etwas wie eine neu entdeckte Nabelschnur zum Leben sind: Durch die Kabel meiner Kopfhörer floss gleichsam das Leben zu mir. Zwischen den Kopfhörern und mir beginnt das Leben zu pulsieren; ich erfahre eine Energiezufuhr und beginne, mich lebendig und verbunden zu fühlen. Aus analytischer Sicht würde ich sagen, dass das feste, oft starr erscheinende rhythmische Gerüst des Metal dem Hörer ein Gefühl *ontologischer Sicherheit* gibt. Der Fachbegriff beschreibt den Umstand, dass wir uns auf manche Dinge gleichsam körperlich-blind verlassen, indem wir fest auf sie vertrauen, mit ihnen rechnen, sodass uns die Möglichkeit ihrer Abwesenheit gar nicht in den Sinn kommt. Dazu gehört zum Beispiel, dass Luft da ist, die wir einatmen können (wir prüfen nicht vor dem nächsten Atemzug, ob sie rein ist), oder dass der Boden, auf dem wir stehen und gehen, sich nicht plötzlich auftut. Gelegentlich machen wir schockhafte Erfahrungen des Verlustes solcher Sicherheit, etwa wenn uns jemand auf einer Treppe den Fuß festhält, oder wenn wir hören, die Atemluft könne mörderische Viren enthalten. „Ihm stockte der Atem" ist eine gängige Formulierung für einen solchen Moment, in dem unsere ontologischen Gewissheiten in Zweifel geraten.

In der hochdynamischen spätmodernen Welt sind die existenziellen ontologischen Gewissheiten tendenziell im Schwinden begriffen. Wir lesen, die Nahrung könne schädlich sein, das Wasser verunreinigt; die Viren schweben in der Luft, der Atomkrieg droht, der Job ist unsicher und der Lebenspartner kann schon morgen gegangen sein. Aber der nächste Beat ist so gewiss wie der nächste Herzschlag. Der Bass pumpt im oder knapp über dem Herzschlagrhythmus, die Drums hämmern uns verlässliche Gewissheit ein, die Rhythmusgitarre füllt und erdet das Soundgerüst. Tatsächlich habe ich im Laufe der Jahre immer wieder die Erfahrung gemacht, dass just in Phasen großer Verunsicherung, Entfremdung und Spannung die Charakteristika des Metal eine geradezu therapeutische Wirkung entfalten können. Ich erinnere mich beispielsweise an eine zweiwöchige Konferenz in Prag, die ich als junger Doktorand besuchte und die große Selbstzweifel bei mir hervorrief. Ich hielt mich nicht nur für fachlich ungeeignet, sondern auch noch für asozial, weil ich mit der Gruppe nur schwerlich warm wurde. Also flüchtete ich mich in die Innenstadt in einen Schallplattenladen. Wie damals üblich hingen ein paar Kopfhörer von der Decke, über die die Kunden Neuerscheinungen probehören konnten. Ich griff mir einen davon – es lief ein Livealbum der tschechischen Band Kabat, die ich bis zu diesem Zeitpunkt gar nicht kannte – und als der Bass einsetzte, fühlte ich mich auf so wunderbare Weise ‚geerdet', aufgehoben und geborgen, dass mir beinahe Tränen in die Augen schossen. Aber lassen wir das.

Der entscheidende Punkt ist, dass auf dieser (oder über dieser) verlässlichen, vorhersagbaren klanglichen Grundlage Bewegung, Veränderung, Entwicklung einsetzen. Musik ist stets dynamisch, fließend, sie steht ja nie einfach fest, sie ist nie erstarrt-materialisiert oder fixiert. Sicher geborgen im verlässlichen Rhythmusgerüst können sich Stimme und Gitarren aufschwingen und erheben, immer neues, unbekanntes Terrain erkunden, indem sie wechselnde Konstellationen aus hell und dunkel, schwer und leicht, laut und leise, schwebend und bohrend, gut und böse durchstreifen. Für mich wird diese Erfahrung noch intensiviert, wenn sie dabei von dichten Keyboardteppichen unterlegt werden, die der Musik einerseits eine undurchdringliche Tiefe und andererseits zugleich etwas sphärisch Schwebendes geben. Die Sologitarre Michael Schenkers oder Adrian Smiths (Iron Maiden) oder John Petruccis (Dream Theater) scheint mir dann oft wie aus der Mitte meiner eigenen Seele zu kommen. Angstfrei strebt sie aus dem Chaos der Welt, der Entfremdung, der Wirrnis des Unerlösten empor und erprobt andere, neue Weltverhältnisse, andere, unbekannte Formen des In-der-Welt-Seins. Musik, so lautet meine These, erlaubt und ermöglicht es uns, unterschiedlichste Weltbeziehungen einschließlich der Übergänge und Verbindungen zwischen ihnen auszuloten, ohne uns bedroht zu fühlen. Freude und Ekstase ebenso wie abgrundtiefe Verzweiflung und Einsamkeit, Hass ebenso wie Liebe, ja sogar Erlösung und Verdammnis, Friede und Kampf, Gewalt und Zärtlichkeit finden so eine Ausdrucksform. Im Unterschied zu ‚rein' schöner Musik, die zwar auch zu schweben vermag, aber zugleich die Zweifel nährt, sie könne vielleicht nicht echt, nur schöner Schein sein, darunter lauere vielleicht doch ein verdrängter Abgrund, der jederzeit aufbrechen und das Schöne zerstören könne, verdrängt der Metal nichts. Die Entfremdung, das Verzerrte unserer Existenz, der Tod: sie sind spürbar, hörbar, präsent, gerade in den Texten und auch auf den Plattencovern. Aber sie haben nicht das letzte Wort. Dahinter und darüber werden uralte Harmonien hörbar. *Und die Welt singt doch!* Die Musik schleudert der Verderbnis der Welt ihren Gesang, ihren Klang entgegen. So gesehen ist sie Protest, aber sie ist auch ein Versprechen, sie ist Hoffnung. Sie ist das Aufblitzen einer anderen Seinsmöglichkeit.

Ich glaube, es ist diese Spannung zwischen den polaren Möglichkeiten menschlicher Existenz, und mehr noch dieses kurze Aufblitzen der Möglichkeit einer Versöhnung der Pole, welche den ‚harten‘, ach so männlichen Fans immer wieder die Tränen in die Augen treiben. Es wäre eine empirische wissenschaftliche Untersuchung wert, ob meine These stimmt, dass in keiner anderen Musik- oder Kunstsparte so häufig und regelmäßig von Tränen (oder ironisch von ‚Augenpippi‘) die Rede ist wie in Metal-Zeitschriften. Dazu kommen die ‚Ganzkörpergänsehaut‘, welche Fans wie Kritiker beschwören, um den Eindruck von außeralltäglichen Hör- oder Konzerterlebnissen zu beschreiben, oder die ‚Klänge zum Niederknien‘.

Um auch Nicht-Fans und Skeptikern einen Eindruck davon zu geben, wie Metal (oder jedenfalls manche Spielarten davon) rezipiert werden, möchte ich ein paar recht willkürlich ausgewählte Rezensionen anführen, zum Beispiel die Besprechung des Albums *Aphelion* der norwegischen Metal-Band Leprous von Vincent Grundke aus dem August 2021 im *Metal Hammer*. Der Bandname (= „aussätzig") und der Albumtitel (Aphelion = der am weitesten entfernte Punkt auf einer Planetenlaufbahn von der Sonne, das heißt der Ort größter Dunkelheit) stehen dabei wohl eindeutig für die ‚monströse‘ Seite menschlicher Existenz. Aber die Musik scheint sich genau von dort wegzubewegen.

> Filigrane, formvollendete Kompositionskunst, die in bedächtiger Ruhe Kraft und Dramaturgie tankt, um sich schleichend zu überirdischen Refrains aufzubauschen. Spielemacher ist und bleibt Sänger Einar Solberg, der auf Leprous' siebtem Album *Aphelion* Höchstleistung zeigt. Sein weicher Tenor schraubt sich voller Inbrunst mit

so simplen, wunden Worten wie „back", „ghost" oder „doubt" in höhere Welten. Mehr noch: Im Siedepunkt „All The Moments" zeigen Leprous nämlich mit dem so trüben Textfetzen „all the moments are gone" ihre ganze Größe. Solberg haucht jenem fühlbaren Leid eine euphemistische Lebendigkeit ein, die nicht nur jeglichen Schrecken vergessen lässt: Es bleibt blankes Staunen vor dieser atemberaubenden Schönheit, die sich mit jeder höheren Lage seines unmenschlichen Organs in Freudentränen spiegelt. […] „Silhouette"s schwerer Beat schleppt sich in die flirrenden Computerspiel-Synthesizer der Neunziger, der Bass pumpt wie Bluthochdruck, irgendwo verirren sich Streicher, und nur Einars fiebrige Arien erhellen den toten Abendhimmel. Noch reicher wird es mit dem Intro von „All The Moments" und dem Gitarrensolo in „The Shadow Side" […]; mit „Out Of Dark" als rhythmischem Wiederbeleber für zerschundene Seelen, und kurz vor Schluss mit der warm eingeschenkten Motivation in „Castaway Angels". Zu tröstenden Pianoklängen zerbricht Solbergs Organ fast an der Zeile „help me face this nothingness", bevor er gebetsmühlenartig „never look back" durch seine Engelsstimme gleiten lässt. Alles endet mit der herzzerknüllenden Odyssee im Finale „Nighttime Disguise". Leprous schweben über den Dingen. Genies, die mit Geist und Gefühl über musikalische Finesse herrschen. *Aphelion* ist ein weiteres Wunderwerk ihrer kompositorischen Größe, das weit neben seinesgleichen steht.[32]

Sieht man über die zweifelhafte Wortkunst und die missglückten Metaphern des Rezensenten hinweg, wird in solchen Besprechungen doch vor allem deutlich, mit welchem existenziellen Ernst diese Musik rezipiert wird, wie wichtig sie ihren Hörern ist. Das widerspiegelt sich etwa auch in der auf Amazon veröffentlichten Rezension eines Fans zu Dream Theaters Album *Metropolis Pt. 2: Scenes from a Memory.* Er schreibt:

> Die Atmosphäre die DT dem Hörer vermitteln ist famos. Es ist kein Wunder wenn man mit Tränen in den Augen genießend unter dem Kopfhörer zur Besinnung kommt und merkt das man eigentlich noch in seinem Zimmer ist. Ich war beim ersten vollständigen durchhören so entzückt das ich es wirklich kaum glauben konnte. Ich weiß auch nicht ob mich eine CD jemals so in ihren Bann gezogen hat.[33]

Ähnlich elegisch klingt die Rezension des Albums *Born* der Gruppe Birth von Walter Sehrer in der Zeitschrift *Eclipsed*. Die vom *Eclipsed* zum Album des Monats gekürte Scheibe ist eher dem Progressive Rock zuzurechnen, wurde und wird aber auch in Metalkreisen und -zeitschriften breit rezipiert.

Birth […] wollen […] sich über irdische Fesseln hinaus erheben. Die spirituelle Sinnsuche in einer postapokalyptischen Welt wird im magisch verschlungenen Cover symbolisiert. Mastermind und Tastenzauberer Conor Riley […] ist zugleich gänzlich fasziniert von dystopischer Zukunftsliteratur wie von mystischen Welterfahrungen. […] Der sirenenhafte Synthie kitzelt das Gehirn, um einen in tiefere Bewusstseinsschichten abtauchen zu lassen. Mit sanftem Gesang geht's raus. Das Instrumental „Cosmic Tears" ist wieder aggressiver. Orgel und Gitarre heulen gemeinsam. Der Rhythmus ist zwingend, psychedelische Tiefen werden erreicht. Mit voller Fahrt voraus taucht man zunehmend ab in den Ozean des Unterbewussten. […] Zukunftsvisionen inmitten von Chaos und Dekadenz [usw.][34]

Und schließlich, für die Fans der härteren Fraktion, eine aktuelle Rezension aus dem *Deaf Forever*-Magazin. Der altgediente Metal-Redakteur Frank Albrecht bemerkt dort über das Album *Bipolar* der Band Undertow zunächst, dass das Album einige Stücke enthalte, die ‚purer Thrash' Metal seien, um dann hinzuzufügen:

[…] doch alles überragend sind auf *Bipolar* einmal mehr die drei langen, melancholischen und äußerst emotionalen langsamen Nummern: „When Tears Became Scars", „Shadows" und „The Longest Breath". Dreimal Seelen-Striptease, dreimal pure Schönheit, dreimal perfekte Balance zwischen schwermütigen Riffs und melodischen Harmonien, dreimal einfach nur Gänsehaut.[35]

Wie immer man über solche Rezensionen denken und urteilen mag, was sie deutlich machen, ist, dass die Anhänger diese Musik als etwas ungemein Wertvolles, fast Heiliges, auf jeden Fall Magisches ansehen, als etwas, das ihnen sehr wichtig ist. Sie ist jedenfalls *kein Entertainment*. Das erklärt zweierlei: Erstens, weshalb Metalfans so eigensinnig am materiellen Substrat, am physischen Tonträger in Form von CDs und Schallplatten festhalten. Sie wollen den ‚magischen Schlüssel' gleichsam in den Händen halten und ihn nicht im digitalen Stream sich verflüchtigen lassen. Und zweitens, weshalb die Metal-Fächer in den großen Tonträgergeschäften stets aufgeräumt sind: Händler berichten erstaunt, dass Metalfans die einzigen seien, welche die alphabetische Ordnung im Fach und Regal von sich aus immer wieder herstellen und bewahren. Wenn ein – langhaariger, nietenbewehrter, kuttentragender, vielleicht sogar biertrinkender und rauchender – Fan eine Iron Maiden-Scheibe im Motörhead-Fach finde, ziehe er sie sorgsam heraus und ordne sie richtig ein. Daraus zu schlussfolgern, Metalfans hätten einen zwanghaft ordnungsliebenden autoritären Charakter (wie das einer meiner Kollegen im Gespräch nahelegte), scheint mir ganz falsch. Es ist die Ehrfurcht vor der Musik, die solches Handeln motiviert.

Doch zurück zur Musik selbst. Hier ist es das gleichzeitige, unkontrollierbare Brüllen der Monster und das Jubilieren der Engel, welche die Essenz des Metal definieren – so lautet, auf die kürzest mögliche Formel gebracht, die Kernthese dieses Buches. Wenn nur noch die Monster brüllen (und solche Spielarten gibt es aus meiner Sicht im Brutalometal zur Genüge auch), wird das Genre langweilig und teilweise abstoßend – jedenfalls für mich; der reine Engelsgesang aber erscheint unglaubwürdig, aufgesetzt und fade. Er verkleistert die Brüche der Welt, anstatt sie hörbar zu machen. So hätte mit Sicherheit der Soziologe Adorno geurteilt, der auch ein scharfer Kultur- und Musikkritiker und darüber hinaus selbst Komponist war, hätte er Metal gehört.[36] Es ist anzunehmen, dass diese Spielart der Musik (ebenso wie auch alle anderen populären Kunstformen) vor seinem Urteil keine Gnade gefunden hätte. Wahrscheinlich hätte er selbst Venom oder Behemoth für Kitsch und Amüsement gehalten. Das schließt jedoch nicht die Möglichkeit aus, Metal mit Adorno gegen Adorno zu deuten. In dieser Musik wird die Unversöhntheit der Welt, werden ihre Widersprüche in aller Deutlichkeit hörbar. Die unkontrollierbaren, unauslotbaren Ober- und Untertöne, die durch Verzerrung und Übersteuerung erzeugt werden, könnten geradezu im Sinne Adornos als ihr Nichtidentisches, als das, was im klaren Ton nicht zu fassen und nicht auf den Begriff zu bringen ist, verstanden werden. Und doch setzt diese Musik dem Chaos ein nicht-artikuliertes, nicht propositional fassbares „Dennoch!" entgegen – ein Dennoch, das durchaus vergleichbar ist mit der ‚Funktion' von Christus in manchen theologischen Weltdeutungen.

In jedem Fall bleibt Metal damit in sich selbst stets eine Gratwanderung zwischen Monstern und Engeln, Hässlichem und Schönem. ‚Morbid Angel' – der Name einer seit 1984 existierenden US-amerikanischen Death Metal-Band – bringt diese seltsame Melange aus Monströsem und Himmlischen wohl am prägnantesten auf den Punkt. Und dieser Grat verläuft erstens in den unterschiedlichen Subgenres an je anderen Stellen und hat sich zweitens im Laufe der (Musik- wie der Welt-)Geschichte vielleicht zunehmend in die Richtung der brüllenden Monster verschoben: Der Metal scheint härter geworden, aber ich bin mir nicht sicher, ob das als Gesamturteil treffend ist. Es sind zweifellos immer härtere und auch schnellere Spielarten dazu gekommen, aber zugleich haben sich auch immer weichere und klassischere Formen entwickelt bis hin zu Alben, die nur auf Kirchenorgeln,[37] auf Streichern[38] oder Gesang[39] basieren. Allerdings besteht die große Gefahr, dass die Musik nur noch routiniert klingt, dass der Grat mechanisch beschritten und dadurch abgeschliffen und allmählich bedeutungslos wird. Bands, Produzenten, Plattenfirmen und auch die Fans wissen inzwischen, wie man Growling mit Klargesang verbindet. Die Wiederholung der immergleichen Muster und Schemata vermag irgendwann auch durch Neukombination des Bekannten oder durch Steigerung der Härten einerseits und der Harmonie- und Melodieseligkeit andererseits die Monster nicht mehr zum Brüllen und die Engel nicht mehr zum Singen zu bringen. Wo das passiert, wird auch Metal zum erstarrten Kaufhausgeplärre.

Dass diese Musikrichtung sich daher irgendwann erschöpfen wird, scheint mir fast unausweichlich zu sein. Tatsächlich sind die Tendenzen dazu auch nicht zu übersehen. Stellt beispielsweise eine neue Hammerfall-Scheibe wirklich noch eine Grenzerfahrung dar, die eine wirkliche Berührung auszulösen vermag, oder ist vieles im True Metal längst selbst zum Ohrensessel geworden? Dass sie sich indessen noch nicht, jedenfalls nicht vollständig, erschöpft hat, liegt meines Erachtens schlicht an der physischen und dynamischen Basis der Musik. Die Berührung ist leiblich, und die Klänge entfalten sich dynamisch; unvorhersehbare, unverfügbare Resonanzen bleiben so stets möglich. Tatsächlich bilde ich mir ein, dass man es hören kann, wenn es den Musikern selbst wirklich ernst ist, wenn sie selbst die Monster hören und das „Dennoch!" zu mobilisieren vermögen. Bei Metal-Bands wie den Pretty Maids oder Sinner hat sich nach vielen, vielen aufgenommenen Studioalben natürlich eine gewisse Routine in die Komposition und Produktion geschlichen, die zu Abnutzungserscheinungen führt. Der Grat wird stumpf, sozusagen. Seit aber bei beiden Bands die Frontmänner schwer erkrankt sind, ist ein existenzieller Ernst in die Musik zurückgekehrt, den man hören kann – auf *Brotherhood* von Sinner ebenso wie auf dem dritten Album von Nordic Union (*Animalistic*), einer Fusion aus Pretty Maids- und Eclipse-Musikern.

Aber mit all dem haben wir die Frage allenfalls angekratzt, was für die Hörenden der Unterschied zwischen einem großartigen und einem durchschnittlichen Konzert oder Album ausmacht, ob und wie sie Musik, die den Grat wirklich erreicht und beschreitet und damit Monster zum Brüllen und Engel zum Singen bringt, von ‚routinierter Massenware' unterscheiden. Einmal mehr will ich mit dieser Frage nicht auf ‚objektive', musikwissenschaftlich identifizierbare Merkmale hinaus, denn ich glaube nicht, dass sich feststellen lässt, welche harmonischen, melodischen, rhythmischen, kompositorischen, soundtechnischen oder gar textbezogenen Varianzen den Unterschied ausmachen. Stattdessen geht es mir um die Innenseite: Welche Differenz ergibt sich im Erleben zwischen einem ‚Gänsehautmoment' und einer ‚nur' schönen oder unterhaltenden Musikerfahrung? Mir scheint, man kann dem Geheimnis dieser Differenz – welches das Geheimnis aller ästhetischen Erfahrung ist – durchaus näherkommen, wenn man die Erfahrung selbst ein weiteres Mal und noch genauer unter die Lupe nimmt. Doch dafür benötige ich ein theoretisches Instrument, das ich mit meiner Resonanztheorie zu konstruieren versucht habe.[40] Ich will diese Theorie kurz erläutern, um sodann den eigentlichen musikalischen Kern des Metal-Hörens als Resonanzgeschehen zu bestimmen.

6
Näher als Dein eigener Atem: Metal als Tiefenresonanz

Was also passiert genau, wenn wir Musik hören? Tatsächlich handelt es sich, rein physisch gesehen, ja um eine extrem zarte Berührung, selbst wenn es um ohrenbetäubenden Rock geht. Schallwellen setzen als kaum wahrnehmbare Luftbewegungen das Trommelfell in Schwingung, was dann im Ohr ein kleines Gehörknöchelchen in Bewegung bringt. Über dieses entstehen im Innenohr, in der Gehörschnecke, auf einem kleinen ‚See' Wellen, die wiederum feinste Flimmerhärchen in Vibration versetzen, durch die schließlich elektrische Nervensignale ausgelöst und ins Gehirn geleitet werden. Erst dort entsteht dann das, was wir ‚Hören' nennen. Dieses Hören ist allerdings nicht einfach eine passive Berührung, sondern auch eine aktive Konstruktion. Wir können eine Melodie nur dann als Melodie erkennen und uns folglich von ihr berühren lassen, wenn wir die vorangegangenen Töne gleichsam ‚Nachhören' (Retention) und die kommenden vorwegnehmen (Protention); erst dadurch entsteht ein musikalischer Zusammenhang, erleben wir Musik.[41]

Musikhören, und erst recht *Metal-Hören*, verbindet also das Elementar-Physische mit sprichwörtlich ‚Innerseelischem'. Denn wie jeder Musikliebhaber weiß, können die exakt gleichen Schallwellen (eines Liedes) uns an einem Tag zutiefst aufwühlen, unser Innerstes nach außen kehren, und am nächsten Tag, wenn wir schlecht gelaunt, zornig oder deprimiert sind, möglicherweise *gar nichts* in uns auslösen. Vielleicht erkennen wir sogar, dass es sich um wunderschöne Musik, um unsere Lieblingsmusik handelt, aber wir sind nicht in der Lage, auf sie aktiv zu reagieren, ihr entgegenzugehen, zu antworten. Physikalisch – vom Trommelfell über die Hörschnecke und die Flimmerhärchen bis zu den Nervenimpulsen – geschieht an beiden

Tagen exakt das gleiche. Dennoch würden wir sagen, dass wir Musik hier auf zwei sehr unterschiedliche Weisen *hören* – und um diese Differenz zu verstehen, hilft uns eine ‚objektivistische' Beschreibung nicht weiter. Wir müssen vielmehr fragen, was wir erleben. Die Hauptdifferenz besteht doch zweifellos darin, dass wir das eine Mal von der Musik berührt, vielleicht sogar ergriffen werden, das andere Mal jedoch nicht – sie lässt uns ‚kalt', und gerade dieses Kalt-lassen macht uns noch zusätzlich traurig: *Wir wissen, dass es uns wirklich schlecht geht, wenn wir sogar bei unserer Lieblingsmusik nichts empfinden.* Nicht wenn man weint, geht es einem schlecht, sondern wenn man *keine Tränen mehr hat*.

Jene ‚Berührung' aber, auf die es hier ankommt, habe ich in meiner bisherigen Arbeit als Soziologe mit dem Begriff der *Resonanz* zu beschreiben versucht. Resonanz ist eine Form des *In-Beziehung-Tretens* mit der Welt (und in unserem Falle heißt das: mit der Musik), die vier grundlegende Elemente enthält: Erstens, das Moment der Berührung selbst. Die Musik berührt uns ‚inwendig', sie setzt etwas in unserem Inneren in Bewegung. Sie scheint dabei ganz tief in uns, in das, was wir sind, einzudringen. Wir sind in der Musik und die Musik ist gleichermaßen in uns; sie ist uns dann näher als der eigene Atem: „Wenn sie Dich einmal erreicht hat, lässt sie Dich nicht mehr los. Die Musik spricht zu Dir wie Dein nächster Atemzug. Sie ist die Vollendung des Menschseins", hat Henry Rollins, amerikanischer Musiker, Performer und Schriftsteller, auf dem Festival in Wacken diese Erfahrung der Urkraft von Musik formuliert.[42]

Aber Resonanz besteht nicht nur aus der passiven Berührung. Der Unterschied zwischen den beiden eben diskutierten Hörerfahrungen (der Kontrast zwischen dem Aufgewühlt-Sein und dem Unbeteiligt-Bleiben) besteht darin, dass beim intensiven Erleben etwas in uns ‚antwortet', dass wir der Musik entgegengehen, dass wir etwas mit ihr machen, sie aktiv mithören, mitvollziehen, und uns gerade dabei als selbstwirksam und lebendig erfahren. Diese selbstwirksame ‚Antwort' ist das zweite Element von Resonanz. Sie kann beim Metal oft physische Ausdrucksformen annehmen. Vom Headbangen über das Tanzen, Klatschen, Singen, Pfeifen bis in den Moshpit hinein reichen hier die Ausdrucksformen. Aber ein großer, vielleicht der größte Teil des Antwortgeschehens bleibt vermutlich ‚inwendig'.

Beim Hören entsteht das intensive Gefühl, dass sich sozusagen die Seele mitbewegt und eigene Gebärden des Emporstrebens, der Bejahung, der Verneinung, des Zweifels, der Hoffnung, der Freude, der Verzweiflung, der Ekstase usw. annimmt oder auch hervorbringt. Die Seele – oder das, was in uns hört und reagiert – dehnt sich aus und zieht sich zusammen,[43] bewegt sich nach oben und unten. Dabei wird deutlich, dass ‚Hören' weder ein eindeutig aktives Tun ist (wie es die sprachliche Form behauptet: ich tue etwas) noch ein eindeutig passives Geschehen (etwas wird mir angetan), sondern etwas genau dazwischen: etwas halb-aktives und halb-passives.[44] Das kann sich körperlich in Bewegungen oder in der Mimik niederschlagen, muss es aber keineswegs. Wenn Hörer also immer wieder sagen, *die Musik macht etwas mit uns*, dann ist das vielleicht nur die halbe Wahrheit, denn auch *wir machen etwas mit der Musik*. Und in diesem feinen, dynamischen Wechselspiel *verändern* wir uns, es passiert etwas mit uns. Veränderung ist daher das dritte Element von Resonanz. Musik hat die Kraft zu verwandeln.

Das Deprimierende der Erfahrung, seine Lieblingsmusik zu hören und nichts dabei zu empfinden, besteht folglich gerade darin, dass die Veränderung *nicht* eintritt; dass die Resonanz ausbleibt. Musik hat dann die Kraft zu verwandeln verloren. Nicht selten aber sagen Menschen nach intensiven musikalischen Erfahrungen sogar: *Danach war ich ein anderer Mensch*. Nur ein Beispiel von vielen: Der Metallica-Bassist Robert Trujillo berichtete von seinem Besuch eines Steven Wilson-Konzerts:

> Ich hatte keine Ahnung, was mich bei dem Konzert erwarten würde, aber ich kam als eine andere Person wieder heraus! Es war wahrhaft außergewöhnlich und inspirierend, und es berührte eine kreative Stelle in mir, die wirklich machtvoll war. [...] Als ich *The Raven That Refused To Sing* live sah, hatte ich Tränen in den Augen, es war eine derart starke Erfahrung.[45]

Das setzt aber (im Großen wie im Kleinen) zweierlei voraus: Erstens die Bereitschaft und Fähigkeit, sich berühren und verwandeln zu lassen. Und zweitens die Bereitschaft und Fähigkeit, auf die Berührung zu antworten, der Musik entgegenzugehen. Musikhören ist in diesem Sinne tatsächlich auch *Arbeit* – jedenfalls dann, wenn man nicht im Ohrensessel sitzt. Auf diese Weise lässt sich gut verstehen, weshalb Resonanz nicht immer eintritt und nicht einfach von der ‚Qualität' der Musik abhängt. Wenn wir wirklich deprimiert oder ausgebrannt sind, fehlt uns die Kraft zu antworten. Wenn wir dagegen Metal-Musik hassen, weil sie nicht zu unserer Eigenfrequenz, zu uns als psychophysischem Resonanzkörper passt, versuchen wir uns ihrem berührenden Einfluss gegenüber zu verschließen. Wir fühlen uns durch sie geradezu verletzt und müssen uns, eben weil sie eine so starke ‚mechanische' Berührung bewirkt, gegen sie wehren. Das Verhältnis zur Musik ist in diesem Fall kein Resonanzverhältnis, sondern ein Repulsionsverhältnis: Musik und Hörer scheinen sich eher abzustoßen oder zu bekämpfen als zu berühren.

Das vierte und letzte Element einer Resonanzbeziehung ist ihre prinzipielle ‚Unverfügbarkeit'. Das bedeutet, dass sich Resonanz nicht einfach instrumentell herstellen oder erzwingen lässt. Der vielleicht beste Beleg dafür ist der Umstand, dass sich allen Bemühungen der Musikindustrie zum Trotz ein Hit nicht einfach am Reißbrett oder maschinell entwerfen lässt. Zwar kann man natürlich mit einiger Gewissheit von bestimmten Akkordfolgen, Harmonien, Rhythmen oder Soundeffekten sagen, dass sie auf Wohlgefallen stoßen oder ein Wohlgefühl, Spannung oder auch Überraschung hervorrufen werden, und dass sie deshalb gute Absatzchancen haben. Doch selbst hohe Absatzzahlen bedeuten nicht automatisch, dass die Hörenden Resonanz empfinden. Ein Song kann sich auch einfach zum Tanzen eignen oder zum Chillen oder zum Mitsingen, ohne dass er tiefe Berührung auslöst. Umgekehrt lässt sich ebenso wenig ausschließen, dass ein Lied oder ein Album ein Millionenseller wird, obwohl alles, was man über die Wirkungsweise seiner musikalischen Zutaten weiß, dagegenspricht. Nirvanas *Nevermind*-Album mag hierfür ein schlagendes Beispiel sein.

Unverfügbarkeit erleben Musikfans aber auch untereinander immer wieder aufs Neue mit ihrer Musik – sie ist sogar Teil ihres Reizes. Wie oft passiert es, dass ein Freund uns den wahnsinnig tollen neuen Song einer wahnsinnig coolen neuen Band vorspielt – und wir empfinden … *nichts*? Oder dass wir zu einem Konzert unserer Lieblingsgruppe gehen und uns eingestehen müssen: Eigentlich waren wir gelangweilt, auch wenn wir uns und unseren Freunden schon allein wegen des sündhaft teuren Preises der Tickets einzureden versuchen, es sei *megageil* gewesen? Wie oft kaufen wir ein Album aufgrund einer euphorischen Rezension, und dann ergreift uns gerade das eine Lied, das der Rezensent als *belanglos* eingestuft hat? Tatsächlich glaube ich, dass die wirklichen Resonanzmomente – und erst recht solche, wie Rob Trujillo sie formuliert hat – eher selten sind. Aber es sind die Erinnerungen an sie sowie das Bewusstsein und die Erwartung, dass sie immer wieder möglich sind, welche Rockmusik oder Metal zu einer ‚Resonanzachse‘ für ihre Liebhaber werden lassen. Die immer wieder bemühten Tränen (die metaphorischen, in Rezensionen bemühten, und die echten, die in der Musik weiß Gott nicht selten sind) sind dabei der Ausdruck für solche Resonanzmomente – ebenso wie die ‚Ganzkörpergänsehaut‘. Natürlich mögen wir oft auch versucht sein, sie uns einzureden, weil wir sie an einer bestimmten Stelle – bei dem Criss Oliva- oder dem Randy Rhoads-Solo! – eben *erwarten* und auch, weil wir sie unbedingt haben, vielleicht sogar erzwingen wollen. Dabei ist ihre Nicht-Erzwingbarkeit, ihre Unverfügbarkeit ganz offensichtlich eines ihrer konstitutiven Merkmale. Auch wenn der Grat zwischen einer wirklichen Resonanzerfahrung und einer eingeredeten schmal und die Differenz von außen nicht zu erkennen sein mag, wissen leidenschaftliche Musikhörer, dass sie besteht. Meines Erachtens lässt sie sich daran festmachen, dass Resonanz stets ein ‚transgressives', das heißt ein überschreitendes, überschießendes Moment hat: Die Erfahrung geht über das Erwartete hinaus, reißt uns aus dem Ohrensessel, verändert uns in einer Weise, die für uns eine existenzielle Bedeutung hat. „Das war so geil!" ist daher beispielsweise ein Werturteil, das nicht unbedingt eine Resonanzerfahrung zum Ausdruck bringt, sondern einfach eine starke Stimulation und ein großes Wohlbefinden meinen kann.

Die Unverfügbarkeit von Resonanz scheint mir gerade im Metal aber auch noch in einer anderen Hinsicht eine große Rolle zu spielen, aus der sich eine zweischneidige Verbindung zum kapitalistischen Charakter der Kulturindustrie ergibt. Als ich ein Teenager war, dachte ich bei jedem neuen Album, von dem ich träumte und das ich kaufen oder ‚haben' wollte, dass es das letzte Album sei, das ich erwerben müsse, weil es die Vollendung, den Abschluss meines Klangkosmos darstellen würde. *Was kann nach der neuen* Marillion, *oder nach der neuen* Maiden *noch kommen? Danach brauche ich nichts mehr.* Es dauerte lange, bis ich begriff, dass es den perfekten Klang, die vollendete Musik, nicht gibt: Die Suche nach ihr ist endlos. Resonanz lässt sich nicht festhalten. Wenn ich heute von *The Wall,* Dream Theaters *Metropolis Pt. 2* oder von Savatages *Streets* bis ins Innerste aufgewühlt werde, werden mir diese Scheiben morgen doch nicht mehr genügen. Ich brauche stets neues ‚Futter', um Resonanzen zu erfahren. Also hörte ich irgendwann auf, die Erwartung eines Abschlusses, der ja mit dem Sammeln noch verbunden war, auszubilden. Es geht einfach immer weiter, immer neue Bands und neue Alben. Sie werden zu Durchlaufposten. Das hat etwas Enttäuschendes und Frustrierendes. In gewisser Weise scheint mir dieser Umstand die Musik selbst zu entwerten: Ihre Halbwertszeit für mich scheint sogar immer geringer zu werden. Und es lässt sich ja auch deutlicher Widerstand in der Community gegen solche Entwertung beobachten. Immer wieder und immer häufiger gibt es in den Metal-Zeitschriften ‚Werkschauen' von Bands, in denen alle ihre Alben besprochen, neu bewertet, kanonisiert und damit vor dem zeitlichen ‚Werteverfall' geschützt werden sollen. Tatsächlich aber denke ich inzwischen, dass Resonanz, Berührung und Verwandlung, das ist, was Metal-Hörer suchen und ersehnen und immer wieder auch finden, dass sie aber eben ein dynamisches Beziehungsgeschehen ist, das sich nicht feststellen und schon gar nicht an einem ‚Werk' festmachen lässt. Musik ist nicht einfach per se resonant, sie kann es nur in der Rezeption in bestimmten Momenten werden, und dabei lässt sie uns *die Idee einer vollkommenen Musik erahnen*, ohne jemals vollkommene Musik *zu sein*. Jedes neue Album versucht auf immer neue Weise, diese Ahnung zu erzeugen – das ist einerseits das Höchste und Schönste, was Kunst kann, und andererseits eben auch das, was die kapitalistische Akkumulationsmaschine, den kulturindustriellen Betrieb am Laufen hält, daran kann kein Zweifel bestehen.

Die Unverfügbarkeit von Resonanz ist allerdings ein Umstand, der auch für die Bands und Musiker selbst immer wieder zur Herausforderung und auch zum Problem wird. Jede und jeder, der kreativ sein will oder soll, weiß, dass ‚Inspiration' sich nicht herstellen oder erzwingen lässt. Songschreibern und Musikerinnen gelingt es manchmal, in völlige Resonanz miteinander und mit den entstehenden Stücken zu treten und dabei Großes zu erschaffen – und manchmal eben nicht. Dieser Teil von Kunst kommt nicht einfach von ‚Können'. Man kann, wie Plattenfirmen immer wieder leidvoll erfahren, die begnadetsten Musiker miteinander in ein Studio stecken, und es kommen dennoch nur mediokre, uninspirierte Aufnahmen dabei heraus. Das Erschaffen von Musik gelingt nur, wenn es selbst ein Resonanzgeschehen ist – Reißbrettmusik funktioniert, zum Glück, noch immer nicht.[46]

Sie funktioniert nicht im Kompositionsprozess und auch nicht bei der Aufführung im Konzertsaal. Hörer wie Musiker kennen jene andere Form von ‚Magie', welche bei Konzerten entstehen kann, wenn der ‚Funke überspringt' zwischen den Musikern in der Band einerseits und zwischen Band und Publikum andererseits. Doch auch dieser Funke lässt sich nicht routinemäßig herstellen, nicht erzwingen. Er ist ein dynamisches Pulsieren oder Kreisen, das sich sehr wohl in Resonanzbegriffe fassen lässt. Die Beteiligten fühlen sich existenziell angesprochen, involviert und beteiligt, und daraus entsteht eine Energie, die gleichsam ‚in der Mitte', das heißt, im *Zwischenraum* zwischen Musikern und Publikum ihren Ursprung hat, aber von beiden wahrgenommen und ‚gespeist' wird. Solche Energie ist nicht dingfest zu machen, sie lässt sich nicht etwa auf die besondere Qualität der Musik oder die Zusammensetzung des Publikums zurückführen, aber sie lässt sich beobachten: zum Beispiel auf *Live after Death* von Iron Maiden, auf *Strangers in the Night* von UFO, *Made in Japan* von Deep Purple, *One Night at Budokan* von MSG, *Live at River Plate* von AC/DC u. v. a.

So betrachtet, erklärt sich die hohe Relevanz und Wertschätzung von *Bands* im Heavy Metal. Bands sind zerbrechliche, schwierige soziale Gebilde, zwischen deren Mitgliedern feine, unkontrollierbare, durchaus spannungsreiche Resonanzen entstehen. Beim Komponieren und Musizieren hören und antworten die Beteiligten auf eine nicht vorhersehbare Weise aufeinander, wodurch in besonderen Momenten ‚Magisches' entstehen kann – mit diesem Wort wurde und wird es jedenfalls immer wieder beschrieben. Zwischen David Gilmour und Roger Waters bei Pink Floyd, zwischen Keith Richards und Mick Jagger bei den Stones, zwischen Jon Lord und Ritchie Blackmore bei Deep Purple, zwischen Bruce Dickinson und Steve Harris bei Iron Maiden, zwischen Lars Ulrich und James Hetfield bei Metallica bildeten oder bilden sich immer wieder aufs Neue komplizierte, spannungsgeladene Kreativachsen heraus, aus deren Mitte Musik entsteht, welche die Beteiligten einzeln nicht hervorzubringen vermöchten. Oft sind also zwei Personen die zentralen Protagonisten, aber gerade im Metal ist es in der Regel wirklich das Bandgefüge als Ganzes, das eine solche fragile ‚Resonanzeinheit' darstellt. Dabei zeigt sich auch und insbesondere, dass Resonanz nicht mit Harmonie und Wohlgefühl verwechselt werden darf. Das Hören und Antworten etwa zwischen Gillan, Blackmore und Lord konnte durchaus ein zorniges Streiten, ein Ringen, ein Widersprechen, bisweilen sogar ein Hassen sein. Spannung und Widerspruch, die Erfahrung von *Differenz* sind unabdingbar für die Entstehung des Neuen aus dem dynamischen Wechselspiel.

Weil Metal-Hörer dies wissen oder mindestens intuitiv erahnen, hängen sie leidenschaftlich an der Integrität und Authentizität von Bands und zeigen sich stets überaus besorgt, wenn ein zentraler Protagonist (meist ein Sänger oder ein Gitarrist, aber manchmal auch, etwa im Falle Mike Portnoys bei Dream Theater, ein Drummer oder Bassist) eine Gruppe verlässt. Wie Rainer Diaz-Bone ebenso beeindruckend wie überzeugend herausgearbeitet hat, ist die Sorge um die ‚Bandchemie', um Authentizität und Integrität des Bandgefüges, aus dem heraus sich nach Auffassung der Metalfans das ‚Werk' einer Gruppe entfaltet, geradezu *das* bestimmende Thema im ‚Metal-Diskurs', das heißt in dem, was am Stammtisch, am Rande von Konzerten, im Netz oder eben in den Metal-Zeitschriften diskutiert und verhandelt wird. Dieser geradezu ehrfürchtigen Wertschätzung des Resonanzgefüges ‚Band' steht indessen der immer dominanter werdende (und etwa im Blues schon immer heimische) Trend des Musikbusiness entgegen, Künstlerinnen artifiziell zu ‚Projekten' und Supergroups zu bündeln oder im Grunde Solokünstler aufzubauen, die mit Gastmusikerinnen arbeiten. Die Plattenfirma Frontiers sticht dabei für die erste Variante heraus, bei der ‚Projekte' wie Russel/Olzon, Nordic Union, Nightflight Orchestra oder auch Demons and Wizards entstehen. Tobias Sammets Avantasia aber auch Ayreon oder Star One von Arjen Lucassen sind Beispiele für die zweite Variante. Die Tatsache, dass es heute aufgrund von (sound-)

technischen Hilfsmitteln immer einfacher wird, alle Instrumente eines Albums entweder selbst einzuspielen oder durch das Hin- und Herschicken von Soundfiles an externe Könner zu übertragen, ohne dass es an irgendeinem Punkt zu physischer Kopräsenz oder gar gemeinsamem Musizieren käme, legt solche Produktionsformen von Musik natürlich nahe. Nach meiner Beobachtung fremdeln die allermeisten Metalfans aber (zu Recht) noch immer mit so entstandener Musik. Sie wollen weiterhin von Bands als Schicksalsgemeinschaften lesen und hören, die im Proberaum miteinander jammen und ,abhängen' und im Tourbus gemeinsam unterwegs sind. Als Beleg dafür mag der Umstand gelten, dass selbst die willkürlichsten Projekte von Musikern, die sich kaum je getroffen haben, mit artifiziellen ,Bandfotos' beworben werden, und dass bei Interviews immer und immer wieder danach gefragt wird, ob ein Projekt (zum Beispiel die vielen Baustellen Mike Portnoys: Winery Dogs, Sons of Apollo, Flying Colors, Liquid Tension Experiment etc.) denn nun ,endlich' eine richtige Band sei oder wenigstens eine werden wolle.

In diesem Buch geht es mir aber weniger um die Produktion von Musik als vielmehr um ihre Rezeption. Meine These lautet dabei, dass Metalfans (wie im Grund alle Menschen) auf der Suche nach Resonanz sind. Sie wollen ,angerufen', berührt und verwandelt werden, und Metal rührt dabei gerade durch das Archaische seiner Bilder und das Physisch-Intensive seiner Ausdrucksform an das, was ich als die vertikale oder eben ,existenzielle' Achse unserer Weltbeziehung bezeichne. Noch einmal ein ganz kurzer Ausflug in die Theorie, bevor ich mich – versprochen! – der ,reinen' Erfahrung der Musik zuwende. Weltbeziehungen und damit mögliche Resonanzachsen ergeben sich nach meinem Verständnis in vier Hinsichten oder Dimensionen. Natürlich können und wollen wir, erstens, mit anderen Menschen in Resonanz treten. Das ist die soziale Resonanzachse. Sie ,vibriert' in der Liebe, aber auch in Freundschaftsbeziehungen. Freundinnen unterscheiden sich von reinen Bekannten vor allem dadurch, dass sie uns auch widersprechen und mit uns streiten dürfen, ja sollen, dass wir uns von ihnen wichtige Dinge auch dann sagen lassen, wenn wir sie gar nicht hören wollen.

Zweitens treten wir als leibliche, physische Wesen auch mit Dingen, Stoffen, Elementen und Materialitäten in Resonanz. Der Biker oder Lkw-Fahrer beispielsweise erlebt sein Motorrad oder seine Zugmaschine als resonantes Gegenüber, das gewissermaßen mit eigener Stimme spricht, auf die man hören muss, die man aber durch eigenes Tun auch ‚erreichen' kann, so dass eine lebendige Wechselbeziehung entsteht. Und so geht es dem Surfer mit dem Surfbrett (und mit dem Wasser), der Skifahrerin mit den Skiern (und dem Schnee), der Schreinerin mit dem Holz, dem Bäcker mit dem Teig und sogar dem Autor mit dem Text (denn auch der Text ist ein dinghaftes Objekt) – und natürlich den Musikern mit ihren Instrumenten. Das ist die materiale Resonanzachse.

Drittens können und sollten wir (wenigstens gelegentlich) aber auch mit uns selbst in Resonanz sein. Die Selbst-Achse der Resonanz vibriert, wenn wir unseren Körper, unsere Psyche, unsere Erinnerungen oder auch unsere Träume als ein antwortendes (oder auch ‚rufendes') Gegenüber wahrnehmen, über das wir nicht einfach verfügen können, sondern auf das es zu hören und zu antworten gilt. Eine Krankheit beispielsweise kann für uns auf solche Weise zum Resonanzfenster werden.

Musik eröffnet nach meinem Verständnis aber noch eine vierte Dimension der Resonanzerfahrungen, die ich die vertikale oder existenzielle Resonanzachse nenne. Dabei geht es nicht um unsere konkreten Beziehungen zu einzelnen Dingen, Menschen oder Erfahrungen, sondern um unser Verhältnis zum Leben, zur Welt, zur Natur oder zum Kosmos insgesamt. Es geht um die Frage, was am Grund unserer Existenz liegt: das kalte, schweigende, feindliche Universum oder ein antwortendes, atmendes, vielleicht tragendes Gegenüber? Was ist unsere Beziehung zur letzten, umgreifenden

Realität, welcher Art diese auch immer sein mag? Natürlich versuchen Religionen, gerade darauf eine Antwort zu geben. Ihre Wirksamkeit, die global betrachtet bis heute ja überaus beträchtlich ist, liegt darin, dass sie den zweifelnden Menschen ein starkes, gewaltiges Resonanzversprechen geben und dieses in rituelle Praktiken, Bilder und Geschichten, Lieder und Deutungen einbetten und so für die Gläubigen erfahrbar machen. *Da ist einer, der dich hört, einer, der dich hält, einer, der dir den Atem des Lebens eingehaucht hat, einer, der da ist, wenn Du ganz alleine und verloren bist, der dich sieht, wenn dich sonst keiner mehr sieht.* Es gibt kein gewaltigeres Resonanzversprechen, keine größere Resonanzverheißung als diese, und sie findet sich, nach meinem Verständnis, in allen großen Weltreligionen. Im ‚Omkara' des Hinduismus, für den die Welt im Ursprung Klang ist, im ‚Höre, Israel!' der jüdischen Thora, in der buddhistischen Konzentration auf den Atem, in der Bibel, im Koran – stets steht am Anfang der Hauch, der Atem, der Ruf, die Silbe, kurz: die Resonanz.

Allein, in der Moderne ist dieses Resonanzversprechen auf dreierlei Weise problematisch geworden. Zum Ersten hat sich erwiesen, dass Religionen doktrinär werden können und damit ihre Resonanzqualität nicht nur einbüßen, sondern geradezu in ihr Gegenteil verkehren. Wenn der Kern von Religion in einem existenziellen ‚Auf-Hören' besteht, das heißt in einer Haltung, in der wir mit allem, was wir sind und haben, zu Hörenden werden und bereit sind, uns von einem unkontrollierbar Anderen berühren zu lassen, dann sind religiöse Institutionen, die schon *wissen*, ‚was Gott sagt', und uns daher befehlen, was wir *tun sollen*, auf der vertikalen wie auf der sozialen Achse und darüber hinaus auch in der Selbstachse *resonanztaub*. Religion besteht dann nicht mehr aus Hören und Antworten, sondern aus Durchsetzen, Kontrollieren und Erzwingen. Daraus kann jene Aggressivität hervorgehen, die uns in Religionskriegen begegnet.

Zweitens sind die Weltreligionen, insbesondere die monotheistischen, mit einem großen kognitiven Apparat ausgestattet, das heißt: Sie versuchen, intellektuelle Erklärungen für die Entstehung und den Aufbau der Welt, des Guten und Bösen, des Himmels und der Erde, des Menschen und seines Tuns usw. zu liefern. Diese kognitiven Weltbilder tendieren aber einerseits selbst zur Verhärtung, weshalb mit ihnen per se keinerlei Resonanzerfahrungen verbunden sind oder sein müssen, und haben andererseits im Zuge des Aufkommens der Naturwissenschaften und der Aufklärung viel von ihrer intellektuellen Überzeugungskraft eingebüßt.

Und zum Dritten schließlich kann durch tröstliche Lehren der ‚Heilsgewissheit' in religiösen Entwürfen die existenzielle ‚Wüstenerfahrung', die Menschen im Angesicht von Not, Tod, Elend und Krankheit machen, allzu leicht übertüncht oder verdrängt werden. Die Möglichkeit oder sogar Realität einer schweigenden, feindlichen, unverstandenen Welt, die uns als trostlose Wüste gegenübersteht und in eisiger Kälte und Einsamkeit stehen lässt, wird darin geleugnet. Zum menschlichen Leben gehören aber beide existenziellen Grunderfahrungen: die einer antwortenden, entgegenkommenden, tragenden Welt oder sogar die des gleißenden Lichts und der Liebe – gewissermaßen die Oasenerfahrung –, ebenso aber auch die Wüstenerfahrung des ultimativ gleichgültigen oder feindlichen Universums. Eine der beiden Seiten zu leugnen und etwa nur noch die Güte und Liebe Gottes oder einer universellen Kraft zu preisen, ist nur möglich, wenn man die andere Seite verdrängt. Dies erfolgt auf Kosten der Authentizität, wobei zu vermuten ist, dass das Verdrängte sich früher oder später eine Bahn brechen wird. Umgekehrt trifft aber auch ein Weltbild, das nur Kampf, Konflikt und ‚cui bono' kennt, niemals das Ganze unserer Welterfahrung und schon gar nicht unsere existenzielle Sehnsucht.

Was die moderne Kultur daher so dringend braucht wie das Wasser und Brot zum Leben, ist eine kulturelle Sphäre, in der diese beiden existenziellen Möglichkeiten miteinander in Beziehung gesetzt, in Bewegung gebracht, erfahrbar werden. *Was liegt am Grund meiner Existenz, was verbindet mich mit dem Weltganzen?* Diese Frage bleibt bestehen, völlig unabhängig davon, ob wir einer Glaubenslehre anhängen oder nicht. Eine kulturelle Praxis wie das *Beten* ist letztlich eine Technik, die unser Innerstes – unsere Seele – mit dem Kosmos (der umgreifenden Realität) in eine spürbare, lebende, atmende Verbindung bringt. Deutlich wird dies, wenn wir uns überlegen, ob Betende sich nach innen oder nach außen wenden. Die Antwort lautet nämlich: Sie wenden sich nach innen wie nach außen zugleich, denn in dieser Praxis entsteht eine gespürte ‚Achse‘, die das Innerste mit dem Äußersten, dem Umgreifenden verbindet. Und schlagend ist es nun, dass eben diese Achse ohne jeden Zweifel auch beim Musikhören entsteht, zumal beim Heavy Metal-Hören. Die Musik scheint von innen und außen zugleich zu kommen, sie ist in uns und wir sind in ihr; sie ist uns näher als der eigene Atem, so sahen wir schon. Sie trifft uns ins Mark und füllt doch zugleich den ganzen Raum um uns. Sie stiftet genau die vibrierende Verbindung, die wir intellektuell nicht mehr herzustellen vermögen, die wir einer naturwissenschaftlichen ebenso wie einer politischen Welterklärung nicht abgewinnen können. Und noch einmal: Existenzielle Resonanz in diesem Sinne bedeutet Begegnung mit einem nicht Fixierbaren, nicht theoretisch oder technisch oder sonst wie zu fassenden, zu zwingenden oder zu kontrollierenden Anderen. Resonanz erfordert auf allen Achsen die Akzeptanz der Unverfügbarkeit des Anderen. Mit Adorno gesagt: Resonanz erfordert die Bereitschaft zur nichtidentifizierenden Berührung oder Begegnung; sie erfordert ein hörendes Herz.[47] Genau das scheint mir das Geheimnis der Musik überhaupt zu sein: Wir wissen nicht genau, wem wir da begegnen und wie uns geschieht. Aber wenn die existenzielle Nabelschnur, gestiftet von Drums, Bass und Gitarre, zu vibrieren beginnt, fühlt sich der Metal-Hörer mit dem Seinsgrund verbunden, und zwar auf eine angstfreie Weise: Durch die ontologische Sicherheit des Rhythmus und der physischen ‚Umarmung‘ entsteht die Bereitschaft, sich auch auf das Schwankendwerden des Untergrundes, auf das Aufscheinen der Wüstenrealität im musikalischen Geschehen einzulassen.

> Here comes the night, here comes the rain, and here I'll stay: Waiting for darkness.

Ozzy Osbournes Song „Waiting for Darkness" scheint mir eben diese Bereitschaft, sich auf existenzielle Tiefen einzulassen, zum Ausdruck zu bringen. Im Licht der Religion und der Aufklärung sehen die Menschen nur, was sie sehen wollen, ihre eigenen Bilder, so sagt es der Text.

I know what they'll find
It's in their mind
It's what they want to see
Spare me from the light [...]
Who knows the answers
Is it friend or is it foe
Don't ask me questions
There are things you shouldn't know [...]
I'm waiting for darkness

Ozzy Osbourne (und seine Band und seine Hörer) aber suchen nicht den kognitiven Zugriff, sondern die existenzielle, hörende, vibrierende Verbindung – die Stimme ist nach meiner Auffassung weniger wegen des Textinhaltes als vielmehr als Resonanzorgan des Menschen von entscheidender Bedeutung für die musikalischer Erfahrung, aber sie dient natürlich auch dazu, mit den hervorgerufenen Bildern einen archetypischen imaginären Resonanzraum zu erschaffen. Es gibt ein einziges Album, das ich mir als Jugendlicher nicht wegen der Musik, sondern wegen des Covers gekauft habe: *Into the Depths of Sorrow* von Solitude Aeturnus.

Abb. 2: Die Wüstenerfahrung existenzieller Einsamkeit: Albumcover von Solitude Aeturnus.

Es zeigt einen jungen Mann mit gesenktem Kopf und geschlossenen Augen in der Fensterwölbung einer verfallenen Burg und vor dem Hintergrund einer kahlen, wolkenverhangenen, abgestorbenen Landschaft, offenbar auf die Nacht wartend: „Here I'll stay, waiting for darkness." Die oben wiedergegebene Textzeile zu „Waiting for Darkness" hat sich in meinem Kopf unauflöslich mit diesem Cover verbunden. Allein: Als ich die Lyrics zu dem Song von Ozzy Osbourne für dieses Buch endlich einmal gelesen habe, stellte ich fest, dass er von Regen gar nicht singt. Aber das lyrische ‚Bild' passt – zu diesem und zu vielen anderen Songs. Das zeigt einmal mehr: Es ist nicht der propositionale Gehalt, es sind auch nicht die erzählten Geschichten, die im Metal relevant sind, sondern die aufgerufenen archetypischen Bilder. Man führe sich nur einmal die Titel jenes Solitude Aeturnus-Albums vor Augen: „Dawn Of Antiquity (A Return To Despair)"; „Opaque Divinity"; „Transcending Sentinels"; „Dream Of Immortality"; „Destiny Falls To Ruin"; „White Ship"; „Mirror Of Sorrow"; „Where Angels Dare To Tread".

Jeder literarisch gebildete Mensch mag sich über solche pathetischen Posen lustig machen; die damit verbundenen existenziellen Fragen bleiben aber dennoch bestehen. Während die moderne Kultur ihnen, so gut es geht, an allen Ecken und Enden ausweicht – selbst dort noch, wo sie zum Krieg gegen die Klassenfeinde, die Umweltzerstörer oder die autoritären Staaten aufruft, oder wo sie die Tödlichkeit von Seuchen oder die Prägekraft von Geschlechtskategorien diskutiert und dabei eine zunehmende Bereitschaft unter den Streitenden erzeugt, sich gegenseitig umzubringen –, versucht der Heavy Metal sie geradewegs anzugehen: nicht kognitiv, sondern aural, klingend, tönend, und das heißt auch scheppernd, krachend, kreischend. Im Schrei, im Growling kommt das Drama, die Verworfenheit der Existenz zum Ausdruck, und Bass und Gitarre geben eine Antwort darauf. Tiefenresonanz – darum, so meine ich, geht es den Fans und Hörern. Natürlich nicht allen und nicht immer, man kann auch einfach nur Metal-Party feiern. Aber diejenigen, die nicht aufhören können, Album um Album zu kaufen, Konzert für Konzert zu besuchen, Magazin um Magazin zu lesen – sie sind auf der Suche nach dieser Tiefendimension des Daseins, und sie werden offenbar auch immer wieder fündig. Ich komme gleich darauf zurück.

Zunächst will ich aber doch noch einmal bei den Metaphern der Dunkelheit und des Todes, die ich insbesondere auch als Ausdruck der Möglichkeit und Realität der ‚Wüstenerfahrung', des ‚schweigenden Universums' verstehe, sowie bei den ihnen entgegenstehenden Begriffen des Lichts und der Wärme verweilen. Sie dominieren in der Metal-Welt, in den Bildern, Bandnamen, Albumtiteln und Texten nämlich fast alles und insbesondere jene Songs, die den Fans ‚unter die Haut' gehen. Dass dabei häufig die Dunkelheit, der Tod, die Krankheit, der Verfall, der Abgrund, die Kälte zu triumphieren scheinen, ist nach meiner Auffassung zum einen Ausdruck des unbedingten Willens und der schonungslosen Ernsthaftigkeit, sich der dunklen, abgründigen Seite der Existenz zu stellen, ihr nicht auszuweichen, sondern ihr geradewegs ins Auge zu sehen und die Stirn zu bieten.

> Destroyed, denied, all tears undried,
> The crawling chaos comes.
> The twilight died, eternal night,
> The crawling chaos comes.

So bringen es Rage in „The Crawling Chaos" vom Album *Black in Mind* auf den Punkt. Der scheinbare Triumph des Dunkelbösen im Metal ist aber auch eine Konsequenz des Versuchs und vielleicht sogar der Notwendigkeit, sich gegen eine mit der spät-christlichen Kultur oft verbundene vorschnelle Heilsgewissheit zur Wehr zu setzen. Denn diese droht den existenziellen Riss, den spürbar zu machen und auszuhalten doch gerade das Streben dieser Musik ist, mittels der frohen Botschaft zuzukleistern. Sicher, es gibt auch sogenannte ‚White Metal'-Bands, welche jene Heilsverkündigung lauthals und unermüdlich in die Welt posaunen, oder besser: trommeln und schreien.[48] Dabei bringen sie mitunter tatsächlich witzige Wortspiele und Plattentitel hervor, die den metallischen Hang zur Dunkelheit aufs Korn nehmen – unerreicht bleibt hier das Album *To Hell With the Devil* von Stryper. Aber die wirkliche Metal-Erfahrung liegt doch gerade darin, Resonanz durch den Versuch zu erzeugen, sich dem existenziellen Abgrund mit allen Sinnen auszusetzen, ohne *zu wissen*, dass es ein Happy End oder einen Ausweg gibt. Metal nimmt die Möglichkeit des Unheils in Kauf und hämmert seine Riffs und Soli dagegen – und hinter oder unter seinen mächtigen Geräuschkulissen sind doch noch immer die alten sakralen Harmonien wahrzunehmen, die mit den Verzerrungen und tonnenschweren Lavariffs im Kampf und in unauflöslicher Verbindung liegen – und die Hoffnung stiften. Die im Metal verwendeten harmonischen und tonalen Folgen selbst sind nämlich zumeist durchaus die alteuropäischen, die auch der Kirchenmusik zugrunde liegen, auch wenn sie anders klingen.

Es ist nahezu gleichgültig, auf welche Bands und Scheiben man in der Szene blickt, am Ende sind es immer Monster und Engel, die sich begegnen. Was sich von Subgenre zu Subgenre ändert, ist der (tonale und lyrische) Grat, auf dem sie sich begegnen. Bei Powerwolf verläuft er anders als bei Behemoth oder Sentenced. Nehmen wir das vorletzte Metallica-Album *Hardwired … to Self-Destruct*. Für mich stellt das Album insbesondere soundtechnisch eine Offenbarung dar. Bereits mit dem zweiten, tollen Song auf dem Album, „Atlas, Rise!", bringt die Band den Boden unter den Füßen zum Beben ja, zum Aufbrechen:

> Bitterness and burden
> Curses rest on thee
> Solitaire and sorrow
> All eternity […]
> How does it feel on your own?
> Bound by the world alone
> Crushed under heavy skies
> Atlas, rise!

Aber mit dem dritten Stück, „Now That We're Dead", springen Metallica direkt in den existenziellen Riss. Und so setzt James Hetfields Gesang über dem unerbittlich rollenden Riff mit den Worten ein:

> When darkness falls, may it be
> That we should see the light

Die existenzielle Ambivalenz wird hier gleich in den ersten beiden Zeilen präzise auf den Punkt gebracht. Und auch wenn Metallicas

Lyrics letztlich eher ins Schwarze als ins Licht tendieren – das letztere bleibt als Möglichkeit bestehen, es verlöscht nicht. So endet das Lied mit den Zeilen:

Beyond the black, we rise again
We shall live forever

Und so wird der Riss in keine der beiden Richtungen geschlossen.

Man kann das, was ich hier mit dem Begriff ‚existenzieller Riss' zu fassen suche, auch einfach als den Versuch beschreiben, an den tiefsten Grund der Existenz zu gelangen. Vielleicht kann man auch von einer ultimativen Wahrheit sprechen, die zu entschleiern versucht wird. Aber Wahrheit klingt stets nach einem theoretischen, kognitiven, intellektuellen, propositionalen Zugriff. Genau darum geht es nicht. Es handelt sich vielmehr um die Sphäre der Mystik, in der der intellektuelle Zugriff versagt. Ambivalenz, das heißt das Aufrufen und in Bewegung setzen von Möglichkeiten, ohne diese zu fixieren, ist vermutlich ein notwendiges Mittel, diese Sphäre so zugänglich zu machen, dass sie als Begegnung mit einem existenziellen Anderen erfahren wird. Die schon im Einleitungskapitel beschriebene Gänsehaut entsteht durch die Vermutung, die Ahnung, das Gefühl, hier in der Erfahrung wirklich mit einem agentiellen Anderen, das heißt mit einer wirkenden Kraft oder Wesenheit in Berührung zu kommen. Immer wieder berichten Musiker wie Hörer von der Wahrnehmung einer ‚Kraft' jenseits des rationalen Zugriffs. Und so werden hierfür in Interviews und Studioberichten gerne auch einmal Geister, Dämonen oder gar der Teufel selbst in Anschlag gebracht. Meist aber wird die Kraft der Musik selbst zugeschrieben.

Interessant sind indessen die vielen Wege, auf denen im Metal jene existenzielle Ambivalenz aufgerufen oder auch hervorgerufen wird. Ozzy Osbournes ikonischer Song „Mr. Crowley" bringt beides auf beeindruckende Weise auf den Punkt. Der Song beginnt mit einem schweren Kirchenorgelintro, gespielt von Don Airey, der auch bei

Rainbow und später bei Deep Purple die Keyboards bediente. Es ruft unmittelbar und spürbar eine sakrale Aura hervor. Aleister Crowley (1875–1947) gilt als Mystiker und Schwarzmagier. Während Ozzy Osbourne im Text auf der einen Seite versichert „it's symbolic of course", insistiert er auf der anderen Seite am Ende des Songs doch hartnäckig darauf, *es wissen zu wollen*:

> I wanna know what you meant
> I wanna know
> I wanna know what you meant

Und Randy Rhoads absolut unvergleichliche Gitarrensoli unterstreichen diesen unbedingten Willen, bis auf den Grund der Dinge zu gehen. Geradezu verhängnisvoll für die Musikerfahrung scheint mir in dieser Hinsicht übrigens die Begleitung von Song- und Albumveröffentlichungen durch Musikvideos zu sein. Die visuelle Darstellung zwingt nämlich häufig zu Vereindeutigungen des Sinngehalts, der in den Texten und vor allem im Trialog von Text, Melodie und Rhythmus gezielt deutungsoffen bleibt.

Als ein letztes Beispiel hierfür mögen uns drei Songs der von ihren Fans kultisch verehrten US-amerikanischen Band Savatage dienen. Sie greift oft existentialistisch-religiöse Motive auf, die sogar eher christlich als anti-christlich inspiriert scheinen, sich aber ebenfalls nicht klar festlegen lassen. Ihr großartiger Song „Damien" vom *Edge of Thorns*-Album fesselt gleich auf doppelte Weise durch ein Wechselspiel an Ambiguitäten. ‚Damien' ist nicht nur etymologisch mit ‚Dämon' verwandt, sondern steht insbesondere durch den Film „The Omen" (1976) für den *Sohn des Teufels*, mithin also für das Dunkle, Böse. Natürlich wohnt ihm schon von daher eine konstitutive Ambivalenz inne, weil Damien zugleich ein kleiner Junge, ein unschuldiges Kind ist. Sein Nachname in „The Omen" lautet witzigerweise übrigens ‚Thorn', wodurch der Albumtitel *Edge of Thorns* eine ironische Note hinzugewinnt, die sich im ebenso schillernden Cover widerspiegelt, auf dem sich hinter einer romantischen Waldszene im Spiel der Äste eine dämonische Fratze verbirgt.[49]

In Savatages Song allerdings scheint Damien bereits ein ausgeschlossener, verstoßener Sohn zu sein. Der Text (und damit die Stimmung des Stücks) ist indessen aus der Perspektive eines offensichtlich ‚bürgerlichen' Ichs verfasst, das aus der Sicherheit der geschützten Wohnung gleichsam in die Nacht hinaushört – auf den Ruf jenes ‚verstoßenen Anderen':

> From my world I have watched and wondered
> Safely here behind these walls

Der „Call of the Wild" ist ein im Metal von Black Sabbath über Saxon bis zu Powerwolf und Metallicas „Call of Ktulu" immer wiederkehrendes Resonanzmotiv. Bei Savatage ist es aber nicht der Ruf des Bösen, den der Lauschende hört:

> In the dark I have heard a calling
> Broken wings that beg to fly
> Is there time or is it too late
> Is the cut flower no longer alive

Man könnte hier vielleicht an Charles Baudelaires (1821–1867) berühmten Gedichtband *Die Blumen des Bösen* denken, die ihrem Verfasser immerhin eine Verurteilung wegen Untergrabung der öffentlichen Moral einbrachten, doch das wäre die falsche Assoziation. Der Text wird von einem starken Gefühl der Sorge und des Mitleids getragen:

> Sometimes late at night
> When I'm there in bed
> I lie there wondering
> Where do you lay your head

Und der Lauschende ist offenbar auch von der dunklen Ahnung einer inneren Verwandtschaft erfüllt: Die Verworfenheit gehört zum menschlichen Leben unauflösbar dazu. Das evoziert zugleich das Gefühl ultimativer existenzieller Verlassenheit:

> And your tears could they mean nothing
> If from this distance
> No one sees them fall

Dies wird aber eben vom lyrischen Ich nicht unmittelbar, sondern gleichsam im sozialen Resonanz-Modus der Empathie erfahren. Hinzu tritt erneut das Motiv des ‚Es-wissen-Wollens' und des ‚An-die-Grenzen-Gehens', das Rainer Bayreuther der Metal-Szene attestiert.

> What's this message you bring to me [...]
> Damien
> Is your heart harder
> What's inside your head
> Is the dark your father
> Have all your years been bled

Und später dann:

> Does the Night go farther
> When you're sleeping in the rain

Hier haben wir erneut die Motive des Regens und der Dunkelheit und den Versuch, gleichsam zu ihrem Kern vorzudringen. Zugleich findet sich aber sowohl textlich wie auch musikalisch die überraschende Gegenbewegung – nach oben, oder, wenn man so will, ins Licht:

> I lie there wondering
> where do you lay your head
> And do you say your prayers anymore?
> And do you say your prayers?

Und schließlich erhebt sich (zum letzten Mal, denn kurz darauf sollte der Gitarrist bei einem Autounfall ums Leben kommen) Criss Olivas Gitarre und strebt kraftvoll empor. Entscheidend scheint mir bei alledem zu sein, dass die aufscheinenden Ideen, Empfindungen und Bewegungen an keiner Stelle gedanklich oder bildlich oder auf sonst eine Weise ‚fixiert' oder festgestellt werden, dass sie in ihrem Bedeutungsgehalt niemals ‚rein' sind, sondern dass sie in feiner dynamischer Schwebung über dem unerbittlichen Riff in einem stetigen Wechselspiel der Überblendung und Kontrastierung verbleiben.

In „All That I Bleed" vom selben Album wird dagegen nach sanfter, balladesker Piano-Verzweiflung auf musikalisch dramatische, überaus intensive Weise – mit pochendem Ostinato von Drums, Bass und Gitarren – der Herr um Hilfe gebeten, aber nicht um Licht, sondern um Nacht:

> Lord bring on the night
> Wrap it all around me
> Let it hold me tight
> Soak up all that I bleed

Und sieht man genauer hin, ist auch durchaus nicht klar, wer mit „Lord" gemeint ist, wenngleich es bei Savatage, anders als bei Ghost, keine satanistischen Anspielungen gibt. Die schweren, verzerrten Akkorde legen sich dabei tatsächlich wie ein Mantel um den Hörenden. Das lyrische Bild und der voluminöse Klang ergeben den überwältigenden Eindruck einer umarmenden Umhüllung, gleichgültig, wie sehr der geschulte Intellekt ‚Pathos' und ‚Kitsch' schreien mag. Und solche physisch-reale Berührung, ja Umarmung gewinnt in einer tendenziell ‚berührungslosen Gesellschaft', in der der intensive physische Kontakt nicht nur mit anderen Menschen, sondern auch mit der stofflichen Welt aufgrund der zunehmend bildschirm-vermittelten, technisierten Interaktion seltener oder voraussetzungsvoller wird, möglicherweise an Bedeutung.[50]

In *Streets*, einem weiteren Savatage-Album, das manchem Metalfan schon zu theatralisch ausfällt, wird die Glaubensfrage dann ganz unmittelbar auch thematisch aufgegriffen. Das Konzeptalbum erzählt eine durchgängige, durchaus raue und gewaltaffine Geschichte von

DT (= Downtown) Jesus, einem selbstsüchtigen Drogenhändler auf den Straßen New Yorks. Dieser flüchtet sich vorübergehend in die St. Patrick's Kathedrale an der 5th Avenue, in der er – untermalt von Riffs und Orgelklängen – einen letzten, vergeblichen Versuch unternimmt, mit Gott ins Gespräch zu kommen. Die steinernen Statuen der Heiligen bleiben stumm, alle scheinbare Resonanz ist nur Schimäre, Gott antwortet nicht („Built in our minds; When we're in binds; Never really there"):

> All the things we asked […]
> Have gone unheard
> Like silent words
> That slip into the past

Daher wendet er sich von Glaubensdingen ab und wieder der Straße zu („And so I plead my case; I'll now pull my escape"). Das Album endet mit einer einmal mehr eigenartig ambivalenten Szene: DT trifft auf der Straße einen sterbenden alten Obdachlosen, der sich als das verarmte, gefallene musikalische Idol seiner Jugend entpuppt. In diese todtraurige Szenerie fällt das abschließende Lied „Believe". Diese Ballade hat für viele Savatage-Fans und für viele Metalfans darüber hinaus den Charakter eines ‚Glaubensbekenntnisses', das es vermag, die Essenz des Glaubens zu fassen, ohne das Objekt des Glaubens theologisch oder dogmatisch zu fixieren.

> I am the way, I am the light
> I am the dark inside the night
> I hear your hopes, I feel your dreams
> And in the dark, I hear your screams
> Don't turn away, just take my hand
> And when you make your final stand
> I'll be right there, I'll never leave
> All I ask of you is believe

Über den rauschenden, auf- und absteigenden Arpeggios der Gitarren wird existenzielle Resonanz – vielleicht das, was Bayreuther ein ‚Gotteserlebnis' nennt – musikalisch und textlich spürbar, hörbar und fühlbar, ohne dass dieser ‚Gott' in irgendeiner Form benannt wurde. „I hear your hopes, I feel your dreams; And in the dark, I hear your screams": Ebendies ist meines Erachtens der Kern eines religiösen Weltverhältnisses. Die Erfahrung, ja die (temporäre) Gewissheit, *dass da einer ist, der uns hört, sieht, trägt und antwortet.* Im Metal lässt sie sich paradoxerweise völlig unabhängig davon machen, ob oder was jemand *glaubt.* Zwar sind Anspielungen an den christlichen Gott bei Savatage durchaus vielfältig, aber das verhält sich in dem eingangs zitierten Song „He Is" von Ghost ja nicht anders. Metalfans aus allen Weltecken berichten, wie diese Ballade sie zu Tränen gerührt, ins Mark erschüttert oder sogar ihr Leben gerettet habe. Insbesondere live, mit dem schwergewichtigen, kauzigen, autodidaktischen Jon Oliva am Klavier und Mikrofon entfaltet(e) das Lied für viele Hörer eine kaum zu ertragende Intensität. (In Rudolstadt, einer kleinen Stadt im thüringischen Hinterland, führte eben dies dazu, dass der Autor dieser Zeilen zum ersten und einzigen Mal in seinem Leben ein Konzert verlassen musste, weil es *zu gut* war …!)

Was hier zum Ausdruck kommt, ist keine theologische Heilsgewissheit, und auch keine eifernde religiöse Bekundung einer solchen, sondern die Erfahrung existenzieller Resonanz. Trefflich bringt dies Marek Protzak, Autor einer retrospektiv geschriebenen Rezension von *Streets* zum Ausdruck:

> „Believe" als Krönung bringt zum Abschluss [des Albums, H. R.] Erstaunliches fertig. Kongenial eingeleitet von „Somewhere In Time" streichelt der Song Individuen die Seele, die ihre längst umgesetzt, zielt bei Menschen ins Herz, die gar keins haben, und verdreht auch dem letzten Agnostiker den Kopf. Der Meister am Mikro fordert so inbrünstig zu Piano und überlebensgroßer Gitarre das Glaubensbekenntnis, dass sich für die paar Minuten alle Ratio und der sehr gesunde Menschenverstand in Richtung heiliger Geist verflüchtigen. Kein Auge bleibt trocken.[51]

Wenn in der von Nico Rose durchgeführten Studie tatsächlich fast 40 % der befragten sechstausend Fans der Aussage zustimmten, „Metal hat mir mindestens einmal das Leben gerettet",[52] so handelt es sich hierbei, so bin ich überzeugt, zumindest auch um solche Erfahrungsmomente und die dadurch ausgelösten intensiven Berührungen, oder Umarmungen, die damit gemeint sind. Harte Musik kann auf diese Weise eine positive, bejahende, existenzielle Bedeutung gewinnen, weil sie die Erfahrung einer existenziellen Verbundenheit oder Rückbindung (re-ligio) stiftet, wenn sie die existenzielle Nabelschnur vibrieren lässt. Die Kommentare der Hörer unter der bei Youtube hochgeladenen Albumversion dazu sprechen jedenfalls eine eindeutige Sprache: „The best song [of] all time. Savatage played with god during this song [...]"; „Everytime I'm alone, every damn time I let the voices from within reach my mind and heart, there's only one thing sounding louder and speaking to me words of wisdom and faith and salvation. This song. This is catharsis, way beyond anything else."; „This is proof that God exists."; „Nothing comparable in the metal Universe with that amazing feeling ragging into your veins and spine when hearing it."; „even concrete can melt down with this song."[53]

Natürlich finden sich ähnliche Kommentare auch unter manchem anderen Rock- oder Metal-Song, beispielsweise unter Judas Priests' „Beyond the Realms of Death", oder unter vielen Metallica-Liedern. In jüngster Zeit legen die Ergebnisse unterschiedlichster (und unterschiedlich seriöser) Studien aus Europa und den USA nahe, dass Metalfans (trotz erhöhter dispositionaler Depressionsneigung) glücklicher (und friedlicher) sind als der Durchschnitt der Bevölkerung. Dies widerspricht deutlich der auch in den Medien verbreiteten Meinung, Metal fördere die Gewalt- und Selbstmordneigung vor allem junger Menschen. Meines Erachtens lässt sich dieses überraschende Ergebnis damit erklären, dass viele Metal-Hörer in ihrer Musik eine für sie stabile Resonanzachse gefunden haben, entlang derer sie immer wieder entsprechende ‚bergende' Erfahrungen machen können, die sie vor ihren depressiven Tendenzen zu schützen vermögen. Diese Deutung der Forschungslage passt dann auch nahtlos zu der oben berichteten Feststellung, dass nahezu 40 % der Fans angeben, Metal habe mindestens einmal ihr Leben gerettet.[54]

Um es allerdings an dieser Stelle noch einmal klarzustellen: Ich behaupte nicht, dass die lebensrettende Resonanzqualität der Musik als Kunstwerk selbst zukomme. Oder dass sie ‚große Kunst' im Sinne irgendeiner ästhetischen Theorie oder nach irgendwelchen Kunstkriterien, oder auch nach intellektuellen oder philosophischen Maßstäben sei. *Unerschrocken den Tanz auf dem existenziellen Riss auszuhalten* – das scheint mir die Leistung des Heavy Metal zu sein, wobei diese Leistung nicht im ‚objektiven Kunstwerk' selbst liegt. Aus der Distanz betrachtet wirkt das Kunstobjekt (der ‚Song') vielleicht lächerlich und abgenutzt. Aus einer konservativ-bildungsbürgerlichen Perspektive ist es weder musikalisch noch textlich noch bildlich originell. Aber Metal ist nicht für das distanzierte analytische Hören gemacht, sondern für das involvierte, dispositional offene, geradezu rückhaltlose – eben für das *existenzielle* – Hören. Metal setzt ‚Anrufbereitschaft' voraus. Und unbedingte Ernsthaftigkeit: Metal ist kein Spaß. Jedenfalls nicht nur. Resonanz ist das, was sich zwischen diesen Klängen und einer bestimmten Gruppe von entsprechend Hörenden (den Metalfans) im späten 20. und frühen 21. Jahrhundert ereignet. Es kann überhaupt kein Zweifel daran bestehen, dass viele andere Hörende der Gegenwart diese Resonanzen *im* Metal oder *zum* Metal nicht spüren. Vermutlich machen sie ähnliche Erfahrungen in anderer Musik, in der Religion, in Naturbegegnungen oder vielleicht (in wachsendem Maße) auch *gar nicht*. Es ist gut möglich, dass Spätere diese Musik und ihre Eigentümlichkeiten nur noch verlachen werden, weil sie sie sozusagen ‚Face Value' nehmen und die Cover und Texte einfach abgeschmackt, pathetisch und kitschig und die Musik melodisch, harmonisch und rhythmisch armselig finden; so wie auch die meisten Musikwissenschaftler der Gegenwart. Kann sein. Resonanz ist keine Werkeigenschaft und auch keine Subjekteigenschaft, sondern ein dynamisches Geschehen im Zwischenraum, und sie ist *unverfügbar*: Man kann sie nicht erzwingen, nicht beweisen und nicht festhalten.

Was Heavy Metal also vermag, ist, *dispositionale Resonanz* zu erzeugen. Mit diesem Fachbegriff versuche ich das zu beschreiben, was Religionen und Kulte zu allen Zeiten durch *kollektive rituelle Praktiken* hervorzurufen vermochten – oftmals unterstützt durch rhythmisches Klatschen, Stampfen und Tanzen, furchterregende Verkleidungen sowie durch Rauch, Feuer und Fackeln: die Bereitschaft und Erwartung nämlich, einer gewaltigen außeralltäglichen Macht zu begegnen, und damit die Bereitschaft und Fähigkeit, sich *anrufen, berühren und verwandeln* zu lassen. Solche Bereitschaft und Erwartung entstehen in aller Regel (und durch alle Epochen hindurch) nicht einfach im Alltag, sondern zu außeralltäglichen Zeiten und an außeralltäglichen Orten – zum Beispiel auf dem *Wacken*-Festival.

> Wacken ist ein heiliger Ort. Nicht umsonst wird die weite Fläche vor den Hauptbühnen als ‚Holy Ground' bezeichnet. In den meisten Wochen des Jahres ist es nur ein Acker. Doch für wenige Tage im Sommer verwandelt sich dieser Acker in einen Ort, in eine Gemeinschaft, in der Menschen wie ich *heil sein* dürfen.[55]

So Nico Rose in der Einleitung zu seinem Buch *Hard, Heavy & Happy*, womit er ziemlich genau das zusammenfasst, was der Soziologe Emile Durkheim vor mehr als 100 Jahren als die „elementaren Formen des religiösen Lebens" beschrieben hat.[56]

7
„Paradise is here":
Konzertbeginn und Konzertende
als Epiphanien

Im vorangegangenen Kapitel standen die Texte, beziehungsweise die in ihnen wachgerufenen Bilder, im Mittelpunkt der Überlegungen. Diese spielen aber letztlich nur eine Nebenrolle beim Hören und Fühlen dieser Musik. Heavy Metal wird nicht nur mit den Ohren gehört, sondern mit dem ganzen Körper. Was Peter Wicke über Techno schreibt, gilt erst recht für diese Musik:

> Es ist ein Hören durch die Haut, das diese Musik charakterisiert und trägt, in eine Symbiose aus Klang und Körper mündet.[57]

Das trifft insbesondere für den Besuch von Konzerten zu, und zwar unabhängig davon, ob sie in kleinen Clubs, mittleren Hallen oder auch in großen Stadien stattfinden. Dass man ein Rockkonzert in den Begriffen religiöser und ritueller Praktiken beschreiben kann, ist dabei keine neue Erkenntnis. Aber es ist immer noch verblüffend zu sehen, wie weit die Übereinstimmungen reichen, wenn man sich die Details vor Augen ruft. Fast alles, was einen religiösen Kultus auszeichnet, findet sich auch bei einem Metal-Konzert – mit Ausnahme der ‚Lehre', der Theologie oder der ‚Theorie', also des ganzen kognitiven oder intellektuellen Unter- oder (marxistisch gesprochen) Überbaus. Was passiert, wenn Fans zu einem Konzert oder Festival gehen?

Zunächst ziehen sie besondere Kleidung an: Rüsten sich Metalfans zum Konzert, werfen sie sich, ganz wie weiland die franziskanischen Mönche, in ihre ‚Kutte', die mit totemartigen Symbolen verziert ist, um Loyalität und Treue zu je spezifischen Clans, das heißt, Gruppen und Subgenres, zum Ausdruck zu bringen. Dies ist ein erster Schritt, um nach außen Zugehörigkeit und Teilhabe zu signalisieren und in sich selbst die Bereitschaft zu einem außergewöhnlichen Moment der Berührung zu erzeugen. Dann werden oft lange Anfahrtswege und nicht selten zermürbende Staus auf der Straße, vor der Halle oder auf dem Konzertgelände in Kauf genommen. Je näher man dem Veranstaltungsort kommt, umso mehr Gleichgesinnte trifft man. Dadurch erhält das Ganze den Charakter einer Wallfahrt: Opfer müssen gebracht werden. Die unmittelbar physisch-emotionale Affizierung durch das Ereignis beginnt, wenn andere Konzertbesucher lautstark Musik aus Autoradios oder Boomboxen hören, aber sie gewinnt noch einmal einen ganz anderen Charakter, wenn von ‚drinnen', von der Halle, dem Club oder der Arena, vielleicht schon erste Livetöne vom Soundcheck oder von einer Vorband zu hören sind. *Sie sind schon ganz nah!*

Dann der Einlass: Nun befindet man sich bereits auf geweihtem Grund (vielleicht Wacken, vielleicht die Rockfabrik in Ludwigsburg oder das Z7 in Basel …). Noch einmal heißt es warten, während die Spannung steigt. *Harret der Dinge, die da kommen werden, sie werden gewaltig sein.* Die Lautsprecher in der Halle spielen Musik, um die Langeweile zu vertreiben, aber auch um deutlich zu machen: *Noch nicht!*

Unvergleichlich der Moment, wenn schließlich die Musik verstummt – und dann das Licht erlischt. *Jetzt!* Ein Ruck geht durch die Menge: Bis dahin ist sie innerlich und äußerlich zerstreut, Menschen gehen hierhin, dorthin und blicken und reden in alle Richtungen. Es herrscht buntes Treiben und großes Stimmengewirr. Doch in diesem Augenblick sind alle gebannt, still; sie stehen dicht an dicht, Blicke und Körper nach vorne gerichtet – *zum Altar hin?* Soziologisch lässt sich das mit ‚Joint Attention' und ‚Joint Emotion' beschreiben. Die Aufmerksamkeit hunderter, tausender, vielleicht zehntausender Menschen ist in gespannter, freudiger Erwartung gleichgerichtet.[58]

Ich weiß noch gut, wie es damals war, an jenem Abend in der Messehalle in Freiburg. Es war nicht mein erstes Konzert. Ich hatte schon mal unsere lokale Metal-Band gesehen, Dirty Lane, in der Sporthalle meines Heimatdorfes. Und ich war sogar bei Roger Waters, dem Gott und Guru meiner Jugend gewesen, der zwar ohne die anderen Pink Floyd-Musiker, dafür aber mit Eric Clapton an der Gitarre ins Züricher Hallenstadion gekommen war. Aber dieses Konzert war anders. Es war gewaltig. Die Halle war ausverkauft. Viertausend junge Leute. Eine ungeheure Spannung entstand im Saal, alle Aufmerksamkeit war gebannt in Richtung der Bühne konzentriert. Erste geheimnisvolle, kreisende Töne. Sie werden lauter. Einzelne Drumschläge gehen in den Magen. Ein wandernder Lichtstrahl durchschneidet das Dunkel. Erst einer, dann mehrere. Der Sound wird dichter. Weitere Strahlen kommen hinzu. Und dann! Etwas Namenloses bricht über uns herein. Der schwarze Vorhang, der die Bühne verhüllt hatte, fällt nach unten, und da sind sie! Sie sind wirklich da! Nein, sie sind nicht einfach da: Sie stürmen nach vorne, alle zugleich auf das Publikum zu, in gleißendem Licht und in tosender, vibrierender, voller Soundgewalt. *A wall of light and sound*; eine Orgie aus Klang und Licht. Die tiefen Bässe fühle ich in meinem Zwerchfell, sie lassen sogar den Boden vibrieren; die Snaredrum und die Hi-Hat und vor allem die schneidenden, peitschenden Gitarren spüre ich aber auch ganz oben im Kopf, unter der Schädeldecke. Die Musik drückt mich nach unten und zieht mich nach oben zugleich, und Joe Elliott direkt vor mir hat eine atemberaubende Bühnenpräsenz. Ich habe das Gefühl, er singt direkt aus meiner Mitte heraus. Das ist eine gefühlte Epiphanie. Na gut, Epiphanie ist ein artifizieller Begriff, er bedeutet Offenbarung, Erscheinung, Manifestwerden des Unsagbaren; es ist eigentlich das griechische Wort für Advent, für Ankunft. Das Reich Gottes bricht herein, es ist unabweisbare, materielle Realität.

Na gut, es war nicht das Reich Gottes, es waren nur Def Leppard, die da die Bühne stürmten. Ich ahne, dass einige Leser die Nase rümpfen werden; die Band gilt vielen Metallern als zu poppig. Aber damals, zu den Zeiten von *Pyromania* und *Hysteria*, waren sie gewaltig, und sie sind übrigens auch heute nicht schlecht. Doch es geht mir an dieser und auch an keiner anderen Stelle in diesem Buch und in meinem Denken um die Frage, ob die Musik nun anspruchsvoll oder qualitativ hochwertig oder künstlerisch originell oder sonst irgendwie ‚objektiv wertvoll' ist oder nicht. Vielmehr geht es darum, was für eine Erfahrung sie auslösen kann: bei mir und, wie ich inzwischen weiß und in diesem Buch zeigen will, bei sehr vielen anderen Menschen auch. Und ich will mich dabei unbedingt hüten, durch Wissenschaftssprache und Fachterminologie die rohe Kraft und eben auch die feine Macht und die Erfahrungstiefe der Musik verdorren zu lassen und durch sezierende Analysen zu zerstören. Wer die Erfahrung nachvollziehen will, ist vielleicht mit dem *Rock in Rio*-Video von Iron Maiden aus dem Jahr 2001 gut bedient. Der Spannungsaufbau im Vorfeld des Konzertes ist darin gut eingefangen, dann das dramatische Intro von Jerry Goldsmith („Arthur's Farewell") aus dem Film *First Knight* („Adorate me, Dominus Deus, Dominus noster, Dominus solus") und schließlich der Moment, in dem Harris und Dickinson die Bühne stürmen und die Menge von 250 000 Menschen in Bewegung gerät: In gewisser Weise war das auch für die Band ein Moment der Wiederauferstehung nach langen Jahren des künstlerischen Niedergangs ohne Adrian Smith und Bruce Dickinson. *Aber laut muss man es hören!*

Unlängst habe ich mir noch einmal das *Battle Cry*-Live-Video von Judas Priests umjubeltem Headliner-Auftritt auf dem *W:O:A* 2015 angesehen. Das Setting ist im Grunde das gleiche wie das eben beschriebene. Der Vorhang fällt, gleißendes Licht, ‚Wall of Sound'. Auf der Bühne steht – Rob Halford, der ‚Metal God'. Er singt („Dragonaut"):

Fire in the sky
Paradise is here.

Hallo?! Ich reibe mir die Augen. Pointierter kann man eine epiphanische Erfahrung nicht auf den Punkt bringen. Und was dabei besonders interessant ist: Halford hat die Refrainzeile abgewandelt. Im Original heißt es in typisch dunkler Metal-Manier nicht „Paradise is here", sondern: „Paralyzed by fear"! Ich weiß nicht, ob das schon mal jemandem aufgefallen ist, mir jedenfalls bis dahin nicht. Aber diese Änderung geht gewiss nicht auf einen Wandel im Weltbild von Judas Priest zurück. Vielmehr bringt die neue Zeile eine psycho-physisch-emotionale Wahrnehmung zum Ausdruck, wie sie in diesem Moment Tausende machen – ohne jeden sinnhaften Unterbau. Die Zeile passt überhaupt nicht zum Songtext, aber das spielt gar keine Rolle; es geht nicht um die Narration, sondern um die evozierten Bilder, und dieser neue Refrain passt wie die Faust aufs Auge zur Konzerteröffnung im explodierenden Pyrofeuer auf dem ‚Holy Ground'.

Wenn der Psychologe Nico Rose behauptet, in solchen Momenten ‚heil sein zu dürfen', und wenn ich als Soziologe das epiphanisch nenne, dann liegt das offenbar an der durch die Musik ausgelösten Erfahrung einer momenthaften, fundamentalen Verwandlung der Form unseres In-der-Welt-Seins. Der ‚Heilsgedanke' hängt dabei vielleicht an einer doppelten Versöhnung dessen, was sonst unversöhnlich und separiert ist. Im gleißenden Licht und hämmernden Soundgewitter erscheint die Überwindung der Trennung von Körper und Geist einerseits und von Selbst und Welt andererseits plötzlich möglich. Dabei handelt es sich nicht um einen regressiven Moment der Verschmelzung und auch nicht um eine drogeninduzierte Halluzination. Der Geist ist ganz klar, und jeder Fan weiß, dass Halford kein Gott ist und dass man sich nicht wirklich im Paradies befindet. Was aber fühlbar wird, ist der Aufschein einer anderen Welt. Ich weiß, dass das für Menschen, die mit Metal nichts anfangen können, überzogen und lächerlich klingt. Für die meisten Intellektuellen und Philosophen sowieso und für Theologen obendrein auch noch blasphemisch. Sei's drum! Vielleicht können wir dieser

Erfahrung dennoch näherungsweise auf den Grund gehen, und dabei helfen kann Ralf von Appens Untersuchung *Der Wert der Musik. Zur Ästhetik des Populären*, die wiederum von der Philosophie von Martin Seel inspiriert ist. Denn von Appen versucht, das ästhetische Erleben und die damit verbundene Wertschätzung zu verbalisieren und in präzise Begriffe zu fassen.

Ich komme dazu ein weiteres Mal auf den physischen Aspekt insbesondere der Konzerterfahrung zurück. Schon aufgrund der Lautstärke, aber auch aufgrund der Enge und der durch die Scheinwerfer und die vielen tanzenden Körper erzeugten Hitze handelt es sich um eine intensive körperliche Erfahrung. Die physische Wirkung wird aber nicht nur durch solche ‚mechanischen' Einwirkungen wie Lautstärke und Hitze erzeugt, sondern auch durch die Art der Musik selbst, insbesondere durch den Rhythmus. Die ‚energetisierende' Wirkung der Rockmusik, die häufig erzeugt wird durch den rollenden oder peitschenden Rhythmus mit der Bassdrum und den tiefen Schlägen auf der Eins und Drei und dem Gegenbeat, das heißt den hellen Snaredrum- und Hi-Hat-Schlägen auf der Zwei und Vier (im 4/4-Takt) bzw., in schnellerem Tempo, mit der Gegenbetonung der Achtel als Offbeat, wurde in Analysen der Musik immer wieder konstatiert und ist jedem Rock- und Metal-Hörer wohlbekannt. Dieser (Quasi-)Offbeat übersetzt sich häufig unwillkürlich in einen Impuls zu körperlicher Bewegung, oder genauer: er scheint durch den Körper hindurch zu pulsieren.

Rockmusik erzeugt eine zirkulierende Form von Energie, deren Wirkung zwar durch das Denken blockiert werden kann (wenn man etwa Vorbehalte gegen eine Band hat oder wenn man schlecht gelaunt ist), deren Impuls aber nicht den bewussten Umweg durch den Kopf nehmen muss. Er scheint direkt ‚ins Mark' oder ‚ins Bein' zu gehen. Die Folge davon ist eine unmittelbare Selbstwirksamkeitserfahrung: Die Musik berührt nicht nur, sondern erzeugt eine aktive, körperlich-seelische Antwort. Und diese Erfahrung der durch den eigenen Körper hindurch pulsierenden und zirkulierenden Energie, die weder aus dem eigenen Inneren noch einfach von außen kommt, sondern in der Wechselwirkung dazwischen entsteht, ist das, was Fans und Kritiker meinen, wenn sie (mit leuchtenden Augen) sagen, eine Scheibe oder ein Song ‚rockt'. Tatsächlich ist diese Vokabel eine, die Metalfans über alle Stilgattungen hinweg einigt, vom Pop Metal Def Leppards über den Sludge Metal von Mantar bis zum Metalcore von Killswitch Engage oder Hatebreed. *Wenn es rockt, ist es gut.* Sowohl Kritiker als auch Fans beschreiben, wie von Appen herausstreicht, die Wirkung ihrer Musik dabei geradewegs in den Begriffen einer *positiven Gewalterfahrung*: Dieser Song ‚bläst Dir die Birne weg', ‚haut Dich vom Hocker', ‚reißt Dich mit', ‚fetzt mitten hinein' etc. Welcher Metalfan benutzt nicht solche Floskeln, um zum Ausdruck zu bringen, dass ein Stück ‚rockt wie Sau'.

Der Musikwissenschaftler von Appen zitiert in diesem Zusammenhang eine Reihe professioneller Besprechungen des Albums *Songs for the Deaf* von Queens of the Stone Age: „Well this high-volume unit can slam your head against the wall as devastatingly as any metal outfit working"; „it hits you in the face like a sonic missile"; „the album kicks off with the best song on the album, a mind exploding track."

Auch hier kommt der Kontrast zwischen dem musikalischen ‚Wüten' der Monster und den darüberschwebenden und dagegenstrebenden Engelsklängen zum Ausdruck:

> Gleichzeitig tobt über die volle 60 Minuten-Distanz ein akkordgewordener Amoklauf […]. Der Song beginnt mit rüden Stakkato-Drums, die den engelsgleichen Gesang Hommes in bekannter Weise kontrastieren, bis im Refrain ein Trommelfeuer losbricht, das am ehesten mit einer Horde wilder und ausgehungerter Stiere zu vergleichen ist, die den Hörer zu Tode trampeln.[59]

In einer Gesellschaft, in der immer mehr Menschen den Physiotherapeuten aufsuchen müssen, wenn sie Berührung und Bewegung erfahren möchten, ist das in der Tat eine erstaunliche Wirkung. Sie tritt allerdings nur ein, wenn die Hörenden sich auf diese Weise ‚anfassen' lassen *wollen*. Sie setzt die innere, selbstwirksame Zustimmung und den freiwilligen seelischen und körperlichen Mitvollzug voraus, ansonsten wird sie als unerträglicher, aggressiver Lärm und Geschrei wahrgenommen.

Entscheidend ist nun zweierlei: Erstens, die physische Aktivierung erzeugt ihrerseits, wie Studien zur empirischen Ästhetik zeigen, eine Intensivierung der musikalischen Erfahrung – und umgekehrt. Die Intensität des Musikerlebens übersetzt sich in physische Aktivierung nicht nur in Form von Bewegung, sondern auch in Form einer Veränderung des Herzschlags, der Atmung, des Hautwiderstandes usw.[60] Wir haben es also mit einer sich in gewissem Maße selbstverstärkenden Erfahrung zu tun, die allerdings insofern dynamisch bleibt, als sie ihren Impuls nur in stetiger Veränderung erhalten kann. Doch damit nicht genug: Es scheint, dass die auf diese Weise erzeugte und verstärkte physische Präsenzerfahrung, das somatische Hören mit Haut und Körper, das Verhältnis zwischen Denken und Fühlen verändert, indem es ihre Distanz verringert und sie gewissermaßen in eine parallele Bewegung oder Schwingung versetzt.[61] Was sich im Kopf abspielt und was im Körper vor sich geht, wird durch die Musik gewissermaßen synchronisiert, oder eben: es wird in ein Resonanzverhältnis gebracht. Die rationale Distanz zum eigenen Erleben wird dabei verringert. Das Denken reagiert auf die körperliche Erfahrung und umgekehrt; zwischen Musik, Körper, Emotion, Erinnerung und Bewusstsein entsteht ein fortlaufendes dynamisches Resonanzverhältnis. Die Trennung zwischen Kopf und Herz ist für einen Moment überwunden.

Das ist aber durchaus noch nicht alles. Die Intensität des Erlebens vermag zugleich auch eine Resonanzbrücke für das Verhältnis zwischen Selbst und Welt zu schlagen: Körper, Geist und Welt sind im Klang und in der Vibration verbunden. Sound und Licht scheinen für einen mystischen Moment das Ganze der Welt zu repräsentieren. Martin Seel hat ebendiese Erfahrung für das Musikhören beim Autofahren beobachtet:

> Das musikalische Ereignis, um das es geht, ist etwas, das auf eine unerklärliche Weise zwischen Hörer und Gehörtem geschieht. Sobald es aber geschieht, vollzieht es sich so, dass es für die Hörenden für eine kleine Weile alles ändert. [...] Die äussere Umgebung wird im Klang, Rhythmus und Schema der gehörten Musik wahrgenommen. Es bildet sich eine momentane Einheit von Ich und Welt, in der es ist, als ereigne sich die sichtbare Welt draussen allein für die Wahrnehmung des hörenden Ichs. [...] Für das Subjekt [...] wird alles eins: der Song, den es hört, der Sog, der von ihm ausgeht, der Sinn, der in seiner reinen Gegenwart liegt. [...]
>
> Zu dieser Mystik muss man an nichts glauben als an die Musik, die einen gerade erfasst. [...] Im kurzen Rausch einer irren Musik kann das hörende Subjekt alles auf sich beziehen, kann es sich als Zentrum allen Geschehens, als Mitte der Gegenwart fühlen, ohne dass es irgendwie glauben oder meinen müsste, dass dies auch wirklich so sei. Es fühlt, wie es die Welt am Zügel hält, ohne dafür die Kausalgesetze bestreiten zu müssen [...].
>
> Die leiblich-affektive Korrespondenz mit den Klängen innerhalb des geschlossenen Raums wird erfahren als eine Korrespondenz mit dem Geschehen in Raum und Zeit überhaupt. [...] Wir scheinen uns in einer vollkommenen Korrespondenz mit der Welt zu befinden: mehr Sein braucht es nicht, um ein musikalisches Aussersichsein dieser besonderen Art zu erfahren.[62]

Tatsächlich möchte ich die von Seel als ‚mystisch' bezeichnete Erfahrung allerdings nicht als Korrespondenz-, sondern als Resonanzerfahrung deuten. Es handelt sich nicht um ein Verschmelzungserleben und auch nicht um einen völligen Einklang oder die Illusion der Weltbeherrschung, sondern um eine Erfahrung, in der ‚die Welt' das Subjekt berührt, zu ihm spricht, und ihm umgekehrt die Möglichkeit zur vielfältigen körperlichen emotionalen und kognitiven Antwort gibt, so dass sich beide schließlich inwendig berühren und durchdringen. Der Kern der ästhetischen Erfahrung ist eine dynamische Antwortbeziehung, die sich auf und ab bewegt, intensiviert und dann wieder abschwächt, nicht aber eine Fusion, in der sich das Subjekt verliert oder in Allmachtsphantasien aufgeht. Im Gegenteil, ein Konzert kann zu einem Erlebnis gesteigerter Selbst- und Weltpräsenz werden, weil das Selbst in der Welt und die Welt im Selbst in Resonanz treten. Und das bedeutet: Sie bleiben getrennt, aber aufeinander bezogen. Vielleicht kann man mit Helmuth Plessner sagen: Die Hörenden fühlen sich für einen Moment wieder ‚zentrisch positioniert'. Der Soziologe hat beobachtet, dass Menschen sich von Tieren dadurch unterscheiden, dass sie nicht nur in der Mitte ihrer Welt, das heißt ihres Erlebens und ihrer Wahrnehmung, stehen, sondern sich zugleich zu dieser Welt und zu sich selbst verhalten und positionieren. Dies bezeichnet Plessner als „exzentrische Positionalität".[63] Wir nehmen wahr, und wir nehmen uns zugleich auch von außen wahr. Wir beobachten, bewerten, korrigieren und kommentieren uns fortwährend selbst. Dadurch entsteht eine Spaltung, ein Riss innerhalb unseres Selbst und auch zwischen unserem Selbst und der Welt. Dieser Riss schließt sich aber im Moment intensiver musikalischer Erfahrung.[64] Er schließt sich allerdings nicht so, dass Reflexion und Distanz einfach ausgeschaltet werden, wie es der Fall wäre, wenn wir von rasenden Schmerzen oder einem lauten Knall oder einem plötzlichen Unglück überfallen werden, sondern vielmehr so, dass die beiden Seiten (etwa so, wie der Philosoph Hegel sich das in seinem Modell der Dialektik denkt) auf einer höheren Stufe ‚aufgehoben' sind.[65] Reflexions- und Empfindungsvermögen scheinen nicht reduziert oder verdrängt, sondern sogar deutlich gesteigert, aber sie verlieren ihre Entfremdungswirkung – sie treten in Resonanz zur ‚zentrischen', unmittelbaren Wahrnehmung.

Von grundlegender Bedeutung ist weiterhin, dass eine solche, auch als ‚Gipfelerfahrung' bezeichnete musikalische Erfahrung niemals einfach mechanisch, etwa durch Lautstärke und Rhythmus, erzeugt werden kann. Sie setzt die aktive innere Beteiligung aller Sinne und Fähigkeiten voraus, einschließlich derjenigen des feineren Fühlens und Denkens. Wie ich zu zeigen versucht habe, sind es die vielfältigen, ambivalenten Zwischentöne, die aufstrebenden Melodien, textlich erzeugten Bilder, die Schönheit, die dadurch hervorgerufenen inneren Empfindungen und auch die biografischen Erinnerungen, die miteinander korrespondieren und in Wechselwirkung treten. Sie erzeugen zusammen ein komplexes Resonanzsystem aus Musik, Text, Körper, Geist und Welt und eine ‚gleichschwebende Aufmerksamkeit' dazwischen, die natürlich auch die Gemeinschaft und die Bewegungen des Publikums miteinschließt.

Musikwissenschaftliche oder neurophysiologische Versuche eines einfachen mechanischen Reduktionismus, der etwa annimmt, dass hohe Lautstärke, physische Aktivierung und pulsierende Rhythmen einen ganz bestimmten psychophysischen Zustand ‚mechanisch' bewirken, laufen ins Leere: Resonanz bleibt unverfügbar. Sie lässt sich nicht kausal erzeugen und ist in ihrer Wirkung ergebnisoffen. Allerdings wird die Erfahrung dessen, was Metal sein und bewirken kann, notwendig verfehlen und verkennen, wer sich der Erfahrung der physischen Wirkung dadurch entzieht, dass er oder sie die Musik nur leise, auf kleinen Lautsprechern und stets mit der entsprechenden analytischen Distanz hört. Die Überzeugung, dass man sich *schon vorstellen* könne, wie das laut wirke, führt schlicht in die Irre, denn die Differenz zwischen leise und laut ist im Metal keine graduelle, sondern eine kategoriale.

Die Wahrnehmung, in Licht und Klang gleichsam dem Ganzen der Welt gegenüberzustehen und verbunden zu sein, scheint mir indessen auch eine Konsequenz des räumlichen Arrangements von Konzerten zu sein, und zwar in allen Varianten, vom kleinen Club bis zum riesigen Festivalgelände. Wie jeder Konzertgänger weiß, sind Musikclubs, in denen kleinere Bands spielen, besondere Orte. Sie sind in der Regel klein, beengt, nach außen abgedichtet, dunkel und heiß. Wenn wir hineintreten, empfangen uns Wärme und ein lauter Beat, der zumeist knapp über dem Herzschlagrhythmus liegt, worin ein Teil des Geheimnisses der energetisierenden, tendenziell euphorisierenden Wirkung der Rock- und Popmusik liegt. Vielleicht weckt ein solcher Raum in uns eine vage, unbewusste Erinnerung an die Wahrnehmung im Mutterleib? Wenn wir dort etwas wahrnehmen, dann ist es ebenfalls das Pumpen des Herzschlags und das

Rauschen des Blutkreislaufs und vielleicht die Stimme der Mutter, die hier durch den Sänger oder die Sängerin ersetzt wird. Und so, wie sich für den Embryo die enge, dunkle, leibliche Welt bewegt, bewegt sich auch die Menge der Leiber im vollbesetzten Club. Die Selbst-Welt-Beziehung eines solchen Clubkonzertes könnte insofern durchaus gewisse Ähnlichkeiten mit der Urform unserer Weltbeziehung aufweisen. Vor dem Hintergrund dieser Überlegungen gewinnen Bandnamen wie Primal Fear und Primal Scream womöglich eine tiefere Bedeutung. Hier wie dort umfasst die intensive körperliche und sinnliche Erfahrung das Ganze unserer gefühlten Weltbeziehung: Clubs haben in aller Regel ebenso wie der Uterus keine Fenster nach draußen. Beide Welten umhüllen uns vibrierend, warm und eng.

Das genaue Gegenteil erfahren wir bei den großen Open-Air-Festivals. Diese finden unmittelbar unter freiem Himmel, der Sonne, dem Wind, dem Regen und den Gestirnen statt, manchmal mit Blitz und Donner und im tobenden Sturm. Die Festivalbesucherinnen setzen sich so oder so ganz bewusst und ganz unvermittelt den Elementargewalten der Natur aus, sie suchen sie geradezu. Auch hier treten Selbst und Welt also gleichsam in eine existentialistische Primärbeziehung. Beim *Wacken Open Air*, beim *Summer Breeze*, auf dem *Bang Your Head*-Festival, oder auch bei *Rock am Ring* oder *Rock im Park* und überall sonst auf den großen und kleinen Festivals der Welt – von *Rock in Rio* über das amerikanische *Rock Fest* zum australischen *Progfest*, vom belgischen *Graspop* oder dem Tschechischen *Masters of Rock* bis ins britische *Castle Donington*: Heavy Metal wird unter sengender Sonne und bei großer Hitze, die jede Pore durchdringt, zelebriert; aber eben auch im peitschenden Regen, unter zuckenden Blitzen und grollendem Donner, in einer Welt, die sich in Schlamm und Matsch aufzulösen scheint, oder unter einem vollen Mond und den leuchtenden, kreisenden Planeten. Beim Gang von der großen Bühne zum kleinen Zelt leuchten dann nicht selten die Sterne. Naturerfahrung, Musikerfahrung und Gemeinschaft verschmelzen über mehrere Tage hinweg. Die Fans schlafen mehr oder minder auf der Erde, stehen stundenlang um Wasser an, werden von der Sonne verbrannt, vom Regen durchweicht, frieren erbärmlich, nehmen ein Bad im Schlamm und sehen ins Auge des Sturms, der im doppelten Wortsinn über der Bühne heraufzieht.

> Here comes the night, here comes the rain, and here I'll stay: Waiting for darkness.

Die in zahllosen Metal-Songs zum Ausdruck gebrachte Erfahrung der Konfrontation mit den Naturkräften gewinnt in der Intensität der Liveatmosphäre noch einmal eine ganz andere Qualität, etwa wenn Soen (in „Lascivious") singen:

> As we reach for the sun we are burning our tongue
> Drift in the sky with the clouds

Oder eben (in „Martyrs"):

> Spirit of the water, let the sky fall down on me
> Suffocate the fires lit to harm
> Hear the prayers calling and embrace our fallen sons
> Heal the open wound that bleeds the earth

Die Macher der erfolgreichsten Netflix-Serie überhaupt, *Stranger Things*, setzen diesen so paradigmatischen wie existentialistischen Metal-Moment in der letzten Staffel kongenial in jener schon jetzt legendären Szene um, in der einer der Helden, Eddie Munson, auf einem Dach stehend unter blutrotem Himmel voller zuckender Blitze und schwirrender Fledermäuse den Dämonen das Gitarrensolo aus Metallicas ikonischem Song „Master of Puppets" entgegenschleudert und so die Welt rettet.

Eben dies scheint mir an der Wurzel der im Heavy Metal erfahrbaren Tiefenresonanz zu liegen: Die Welt hebt gleichsam als Ganzes an zu singen, ihr Höchstes und Tiefstes ist darin mit umgriffen, deshalb wirkt es auf Metal-Hörer intuitiv plausibel, wenn Ronnie James Dio in dem eingangs zitierten Titellied des Black Sabbath-Albums singt: „On and on and on, it's Heaven and Hell". Solche Momente haben die Kraft, jene seltenen, überaus intensiven Erfahrungen auszulösen, die der Psychologe Abraham Maslow[66] als ‚Gipfelerfahrungen' (= Peak Experiences) identifiziert hat – als jene Momente, die Menschen als die schönsten und wichtigsten in ihrem Leben wahrnehmen. Die renommierten Musikpsychologen Alf Gabrielsson, John Whaley und John Sloboda haben solche Erfahrungen im Kontext des Musikhörens in mehreren Studien empirisch untersucht und schreiben dazu:

> Die Intensität dieser Erfahrungen bringt oft die Ahnung einer Transzendenz und einer Verwandlung mit sich, und ihre Seltenheit lässt sie im Leben und im Bewusstsein der Menschen, die diese Erfahrung machen, höchst wertvoll werden. Noch nach vielen Jahren haben Menschen oft sehr lebhafte Erinnerungen an diese Erfahrungen, und es sind diese Momente, die als Begründung für die fortgesetzte Beschäftigung mit Musik angegeben werden.[67]

Mit anderen Worten: Es sind seltene, intensive Erfahrungen der Tiefenresonanz, die mit einem Album oder in einem Konzert gemacht werden, welche Metalfans dazu bringen, von Konzert zu Konzert und von Album zu Album nach ihnen zu suchen.

Auch wenn sich solche intensiven musikalischen Erfahrungen durchaus über längere Zeiträume, vielleicht sogar über ein ganzes Konzert hinziehen können, sind die ‚Gipfel' oft nur kurze Augenblicke: Momente der Transgression, der Überschreitung einer existenziellen Erfahrungsgrenze in einer akustischen Bewegung, die unser In-der-Welt-Sein erschüttert. Sie gehen momenthaft über das Erwartete und das Erwartbare hinaus. Die musikpsychologische Forschung legt nahe, dass solche Erfahrungen dadurch ausgelöst oder begünstigt werden können, dass die Musik selbst, etwa durch plötzliche Synkopierung oder unerwartete Akkordwechsel, die erwartend vorausgehörte harmonische oder rhythmische Ordnung verlässt.[68] So kann es manchmal ein kleines Seitenmotiv oder sogar eine einzelne Note sein, die zum entscheidenden ‚Resonanzmoment' wird. In meiner eigenen Hörerfahrung ist es beispielsweise die Stelle in Rainbows „Stargazer", in der Dio die Zeit anhält („Time is standing still"), während die Streicher der Münchner Philharmoniker unerbittlich nach vorne drängen; oder das großartige Finale von „Solomon" der britischen Neoprog-Band Arena, wenn auf John Carsons viermalige Frage: „Does it matter to you? Does ist matter to you? Does it matter to you? Does it matter at all?", Keith Mores Gitarre eine klanggewordene existenzielle Antwort gibt; oder auch der kleine ‚Widerhaken' in der Melodieführung der Sologitarre von Michael Schenker in dem Instrumentalstück „Into the Arena" von der *Live at Budokan*-Scheibe bei Minute 4:44. Schenker hat das Stück viele Male aufgenommen; ich bin jedes Mal davon beeindruckt, aber auf keiner anderen Aufnahme erzeugt es bei mir diesen ‚Gänsehaut-Moment'. Das ist ein Phänomen, das vor allem Klassik-Hörerinnen gut kennen: Die ergreifende Stelle in einer Symphonie oder einem Solokonzert auf der einen Aufnahme klingt auf allen anderen Einspielungen – selbst mit demselben Dirigenten, Solisten und Orchester – eben nicht so ergreifend, ohne dass zu sagen wäre, woran das liegt: *Unverfügbarkeit* ist ein Kernelement der Gipfelerfahrungen!

So oder so: Die Ahnung einer über uns selbst hinausgehenden ‚agentiellen' Kraft, einer Wirkmacht – also *Transzendenz* – und der Gedanke einer dadurch ausgelösten Verwandlung – also *Transformation* – können als die Kernmomente von Religion begriffen werden.[69] Dies ist der Sinn, in dem musikalische Erfahrung zu einer ‚Gotteserfahrung' in der Begrifflichkeit Rainer Bayreuthers werden kann. Die Zuhörer beziehungsweise Zuschauer (und auch die Musiker) erleben eine Kraft, eine zirkulierende Energie, die sie nicht kontrollieren und steuern können, die sich dynamisch zwischen ihnen zu bewegen scheint und die ‚alles Verstehen übersteigt'. Etwas scheint in dieser Musik oder in diesem Konzert zu wirken, das über uns – unseren Verstand und unser eigenes Wirken, aber auch das der Musiker – hinausgeht. Musikpsychologen weisen darauf hin, dass musikalische ‚Gipfelerfahrungen' bzw. das intensive Musikhören mit allen Sinnen (*deep listening*) geradezu als eine Trance-Praxis (*trancing*) verstanden werden kann.

> Deep Listening ist eine Art säkularer Trance-Praxis, unabhängig von religiösen Praktiken, aber oftmals mit religiösen Empfindungen aufgeladen, beispielsweise mit Gefühlen der Transzendenz oder der Einheit mit einer über uns hinausgehenden Macht.[70]

Wenn sich Metal-Bands daher Namen wie Metal Church geben und Songs mit Titeln wie „Rock Believer" (Scorpions) schreiben, während Fans T-Shirts mit dem Aufdruck „Metal is my Religion" tragen, so liegt hierin die Erklärung für diese geradezu extreme Religiosität wider Willen. Viele Metalfans und Musiker erklären immer wieder, mit Religion nichts am Hut zu haben. Doch es sind solche Erfahrungen, die den Platz zwischen den Hauptbühnen in Wacken zum ‚Holy Ground' werden lassen. Sie sind auch der Grund dafür, warum viele Fans – noch ein kultisches Moment – geradezu versessen darauf scheinen, ‚Reliquien' vom heiligen Ort mit nach Hause zu tragen: Drumsticks oder Gitarrenplektren der Helden, Unterschriften auf Albencovern oder wenigstens ein T-Shirt, das ihre Teilhabe am Konzertereignis zertifiziert und das sie danach im Alltag wie ein Bekenntnis tragen. Ähnlich wie in religiösen Kulten haben manche Fans darüber hinaus offenbar das Gefühl, etwas von der besonderen Kraft, die im Konzert spürbar wurde, könne von den Musikern auf sie selbst übertragen werden, wenn sie diese körperlich berühren oder wenn es zu einem Blickkontakt kommt. ‚Ich habe ihn berührt!' oder ‚Er hat mich direkt angesehen!' lauten die entsprechenden, mit leuchtenden Augen vorgetragenen Berichte – sie finden sich freilich bei mehr oder minder allen Formen des Starkultes und sind gewiss nichts Metalspezifisches.

Wie Experimente in der empirischen Ästhetik gezeigt haben, erzeugt oder erhöht jedenfalls eine intensivierte sinnlich-körperliche Erfahrung des ‚Überwältigtwerdens' durch etwas, das Ehrfurcht oder einen (heiligen) ‚Schauder' auslöst, die Wahrscheinlichkeit beziehungsweise die Bereitschaft, eine (quasi-personelle) Wirkmacht wahrzunehmen.[71] In der englischen Sprache gibt es dafür den Begriff ‚Awe', dessen Sinngehalt zwischen Ehrfurcht und Schauder liegt. Man empfindet Awe vor einer Sache, die als etwas Gewaltiges und Erhabenes erscheint und einen zutiefst berührt. Musikalische Gipfelerfahrungen haben die Kraft und die Qualität, Menschen mit ebendieser Ehrfurcht zu erfüllen – und zwar auch ohne dass sie einen Namen oder einen Begriff für das hätten, *was* sie da berührt.

Wenn man Metal-Konzerte besucht oder sich entsprechende Konzertvideos ansieht, springen solche Erfahrungen der Überwältigung, der Ehrfurcht immer wieder ins Auge. In dem schon erwähnten Judas Priest-Video *Battle Cry* ist in der ersten Reihe wiederholt eine Gruppe von Teenagern oder jungen Twens zu sehen, die jede Sekunde des Konzertes voll auszukosten und mitzugehen scheinen. Der letzte Song des Konzerts ist „You've Got Another Thing Comin'". Das Stück hat kaum eine Melodie, aber es rockt gewaltig. Die Band baut es melodramatisch zu einem Dampfhammer aus, der immer wieder von geradezu liturgisch anmutenden Wechselgesängen unterbrochen wird. ‚Metal God' Halford singt vor, und die 85 000 Tausend Zuschauer singen aus voller Kehle nach.[72] In einem Zeitalter, das nicht nur durch Berührungs- und Bewegungslosigkeit, sondern auch durch den Verlust nahezu aller Traditionen des gemeinsamen Liedersingens gekennzeichnet ist, scheint mir das allein schon bemerkenswert. Über viele Minuten hinweg werden alle möglichen Tonskalen und Melodien gemeinsam ausprobiert – die Fischerchöre muten dagegen geradezu bescheiden an. Beim dramatisch inszenierten Finale – „This is your last chance with the Priest!" – ist erneut einer der Teenager zu sehen, jetzt aber in Tränen aufgelöst, wie es scheint in völliger Überwältigung und Hingabe. Meines Erachtens hat dies nichts mit dem Starkult zu tun, der seit Elvis und der Beatlemania immer wieder einmal durch die Musikwelt geht. Die Überwältigung – Awe – wird hier nicht durch die Präsenz der Idole, sondern durch die sonische (und visuelle) Erfahrung verursacht. Tränen gelten übrigens als ein charakteristisches Merkmal für Peak Experiences, und sie sind auch das Signum intensiver Resonanz. Ähnliche Szenen finden sich in vielen Rock- und Metal-Konzertfilmen; man führe sich etwa Iron Maidens *Flight 666* oder auch Roger Waters' *The Wall*-Konzertfilm vor Augen.

Solche intensiven Momente fallen indessen nicht einfach vom Himmel. Zum einen lassen sie sich, wie gesagt, nicht erzwingen: Metalfans gehen zu vielen Festivals und Konzerten und nur selten ereignen sich Berührungen dieser Intensität. Stattdessen erleben sie aber immer wieder Berührungen (oder Resonanz) zweiter Ordnung, das heißt Momente, in denen die Erinnerung an frühere Gipfelmomente wieder stark und lebendig wird. Daher fühlen sie sich im Club, in der Konzerthalle oder auf dem Festivalgelände auf Anhieb ‚zu Hause'. Dies sind die Orte, an denen Gipfelerfahrungen in Reichweite kommen, wahrscheinlicher werden.

Tatsächlich entspricht das meiner eigenen biografischen Erfahrung: Wann immer ich für mehr als ein paar Tage in einer fremden Stadt oder in einem fremden Land war, suchte ich (und suche ich noch immer) nach Rock- und Metal-Konzerten, um anzukommen, um die Entfremdung zu überwinden, um mich wieder zu erden oder eben ans Leben ‚rück-zu binden' (lat. *re-ligere*). Ich suche meine Nabelschnur zum Leben. So wurden das *Hammersmith Odeon* und vor allem der *Marquee Club* in London in den späten 80er Jahren zu meinen Zufluchtsorten, als es mich als junger Student zum ersten Mal von zu Hause fortzog und die große Stadt mich überwältigte. Wenn ich vor der Frage stand, ob ich mir eine Konzertkarte leisten konnte oder das Geld besser für den täglichen Bedarf aufsparen sollte, fiel die Entscheidung fast immer zugunsten von Ozzy Osbourne, den Scorpions, Gary Moore oder auch Helloween im Hammersmith, oder für Crimson Glory, Dare, Candlemass oder IQ im Marquee aus, auch wenn ich mir den Eintritt buchstäblich vom Mund absparen musste. Später, als ich Doktorand in Berlin war, übernahm das *Huxleys* in

Neukölln diese Funktion in meinem Leben, und als ich als Habilitand in New York lebte, waren es In Flames am Times Square, Megadeth im *Irving Plaza* oder Queensrÿche im *Beacon Theatre*, die mich mit der Stadt versöhnten. In Moskau heimisch gemacht haben mich zwei lokale kleine Metal-Bands in einem unglaublich lauten Venue, in dem russische Metalfans dem deutschen Professor beibrachten, dass man auf eine bestimmte Stelle unter dem Ohr drücken muss, wenn man sich trotz des Lärmpegels verständigen will. Das Coolste allerdings waren Guns n' Roses im wilden brasilianischen Recife. Oder genauer: am äußersten Rand der Stadt, fast im Urwald, bei Nacht. Obwohl so gut wie niemand dort Englisch sprach, schloss ich mit den anderen Fans nicht nur Freundschaft, sondern sie sorgten auch noch dafür, dass ich sicher wieder ins Hotel zurückkam. Metal-Konzerte gehören zu den sichersten Großveranstaltungen überhaupt.

Zurück zu der Frage, wodurch intensive Konzerterfahrungen vorbereitet und begünstigt werden. Wie wir schon gesehen haben, sind Metal-Konzerte geradezu gespickt mit kultischen Momenten und Handlungen, welche dazu dienen, jenen Erfahrungen den Weg zu bahnen. „Are you ready?!", fragt etwa Robert Halford zwischen den ersten Liedern des *Wacken*-Konzertes immer wieder: *Seid Ihr bereit?* Und die Gläubigen ... ähm, die Fans antworten stets mit einer lautstarken Bekräftigung: Yeah! *Bereit wofür?* Für das, was Awe auslöst! Hinzu kommen sodann die Wechselgesänge und das kollektive Klatschen und Headbangen sowie der rituelle Gruß mit der ‚Pommesgabel', also der emporgereckten Hand mit den zwei ausgestreckten Fingern, die gewissermaßen an die Stelle des Kreuzzeichens im christlichen Gottesdienst tritt. Die verbreitete Behauptung, es handle sich dabei um die ‚gehörnte Hand' (ital. *Mano cornuta*) und damit ein Satanszeichen, trifft indessen nicht zu. In die Metal-Szene eingeführt – oder zumindest darin populär gemacht – hat es Ronnie James Dio zu seiner Zeit bei Black Sabbath als gestischer Gruß an die Fans. Er sagt dazu:

> Es ist NICHT das Zeichen des Teufels und es soll nicht symbolisieren als würden wir hier gemeinsame Sachen mit dem Teufel machen. Es ist ein italienisches Zeichen, welches ich von meiner Großmutter gelernt habe. Es trägt den Namen „Malocchio". Es geht bei dem Zeichen darum, den bösen Blick abzuwehren oder jemandem den bösen Blick zu geben, je nachdem, wie man es anwendet. Es ist aber ein Symbol, welches eine magische Beschwörungsformel besitzt, und ich hatte das Gefühl, dass es sehr gut bei Black Sabbath funktionieren würde.[73]

Wenn es in der Bibel die Engel sind, die uns auf Händen tragen können, auf dass wir uns nicht stoßen (Psalm 91:12), dann sind es im Metal-Konzert die Fans selbst, die dies tun. Beim sogenannten *Crowdsurfen* lassen sie einzelne immer wieder über die Köpfe der Menge zur Bühne schweben, dem Zentrum entgegen. Beim ebenso beliebten *Stagediven* geht es dann in die umgekehrte Richtung: Zuschauer, welche die Bühne zu erklimmen vermochten, springen von dort auf die tragenden Hände der Menge zurück. Vor diesem Hintergrund verwundert es auch nicht mehr, dass Metal-Festivals wie *Wacken* als (im Vergleich zu anderen Großveranstaltungen) ganz außergewöhnlich friedfertig gelten. Es kommt praktisch zu keinen Gewalttaten und auch sonst zu fast keinerlei kriminellen Delikten – im Gegenteil: Legendär sind die Szenen, in denen die Menge mit großer Sorgfalt und Behutsamkeit (spontan und nicht etwa inszeniert) Rollstuhlfahrer Crowdsurfen lässt.[74]

Bemerkenswert ist zudem, dass gerade jüngere Bands inzwischen dazu übergegangen sind, die Fans – ganz wie in der Kirche – auf Kommando niedersitzen oder -knien und aufstehen oder aufspringen zu lassen und auf Momente tiefer Stille, die inmitten vieler Tausender ganz einzigartig anmuten, gewaltige Ausbrüche folgen zu lassen. Ihren Höhepunkt findet das unmittelbar physische Ineinander von Bewegung und Berührung bei Metal-Konzerten dann in den ‚Mosh-' und ‚Circlepits' und in der sogenannten ‚Wall of Death', bei der die Fans in zwei geordneten Reihen auf- und ineinander stürmen. Verblüffend ist dabei vor allem, dass es trotz der Intensität, ja nahezu Gewaltförmigkeit des Ineinanderstürzens der Körper nur selten zu ernsthaften Verletzungen kommt. Allerdings: Die intensivsten musikalischen Erfahrungen werden nach meiner eigenen Beobachtung nicht bei dieser Art der Interaktion gemacht; sie setzen tatsächlich ein gewisses Maß an kontemplativer Versenkung und Konzentration voraus.

In der Summe jedenfalls machen alle diese ritualisierten Elemente die Konzertbesucher physisch und psychisch und in der Gemeinschaft bereit, sich berühren und überwältigen zu lassen. Und ähnlich wie der Konzertbeginn ist in aller Regel dann auch das Konzertende auf ‚epiphanische' Intensitätssteigerung hin angelegt. Das eindrucksvollste Beispiel, das ich hierfür kenne, findet sich auf der *Pulse*-DVD von Pink Floyd. Natürlich ist Pink Floyd keine Metal-Band, aber sie wird auch in Metalkreisen mitunter kultisch verehrt. Sowohl Dream Theater als auch Metallica covern beispielsweise Songs von Pink Floyd; erstere sogar extensiv. Und viele andere Bands wie Voivod, Shadows Fall oder Korn tun das ebenso. Im Übrigen nannten sich Pink Floyd in ihren Anfangstagen The Megadeaths – Dave Mustaine (Megadeth) lässt grüßen.

Die regulären Konzerte jener Tour endeten mit „Comfortably Numb". Dieses Lied wird auf der *Ultimate Classic Rock*-Website als der beste Pink Floyd-Song überhaupt bewertet. Er gipfelt wiederum in einem Gitarrensolo von David Gilmour, das nach dem Urteil des führenden Gitarren-Fachblatts *Guitar Player Magazine* (und auch nach dem Urteil vieler anderer Experten und Fans und daneben übrigens auch nach meiner unmaßgeblichen eigenen Meinung) das beste Gitarrensolo aller Zeiten ist. Ich schreibe das nicht, um zu beweisen, dass es wirklich toll ist, sondern ich versuche zu erklären, warum das *Pulse*-Finale eine so überwältigende Wirkung entfalten kann, denn das tut es. Ich kann es nicht ansehen, ohne dass es mir die Tränen in die Augen treibt. Und dieses Bekenntnis klingt in einem Soziologiebuch höchst befremdlich – nicht aber im Heavy Metal-Kontext. „Ein Solo zum Niederknien", wie oft habe ich das gelesen. Natürlich nicht nur in Bezug auf Gilmour, sondern im

Blick auf viele Soli der Gitarrenmeister des Metal von Steve Vai über Glenn Tipton und K. K. Downing bis zu Yngwie Malmsteen, Michael Schenker, Uli Jon Roth, Joe Satriani, Randy Rhoads und wie sie alle heißen. Die Gitarrensoli im Rock und Metal sind die Einbruchstellen der Transzendenz.

In *Pulse* wird die ‚Epiphanie' aber nicht nur akustisch, sondern auch visuell realisiert. Während der ganzen vorangehenden zwei Stunden steht im Hintergrund der Bühne eine riesengroße, kreisrunde Leinwand, auf die während des Konzertes Videos und wandernde Lichteffekte projiziert werden. Während Gilmour zu seinem finalen Solo anhebt und die Tiefenbässe auf unheimliche Weise immer tiefer hinabsteigen, ereignet sich etwas ganz Eigenartiges. Die festgenagelt, unverrückbar erscheinende Leinwand setzt sich auf einmal in Bewegung, sie neigt sich nach vorne, wird lebendig und kommt auf die Zuschauer zu, bis sie direkt über den Köpfen der Musiker schwebt und dort wie ein UFO, wie ein Lichtdom zu strahlen beginnt. *Die Projektionsfläche wird lebendig!* Ich habe keine Ahnung, ob das beabsichtigt war oder überhaupt schon einmal jemandem aufgefallen ist: Was für eine Metapher! Vor dem Hintergrund einer fundamentalen Religionskritik, wonach Gott lediglich eine leere Projektionsfläche für die Vorstellungen der Menschen ist, gewinnt diese Inszenierung eine geradezu unheimliche Bedeutung. Eine Projektionsfläche war die Leinwand zwei Stunden lang jedenfalls buchstäblich; sie musste für alles Mögliche herhalten: Krieg, Gewalt, Dürre, Schönheit, Liebe, Güte. Und auf einmal erweist sich, dass sie ein Eigenleben besitzt, sie setzt sich in Bewegung, während die Musik geheimnisvoller und ekstatischer wird und nun auch die Gitarre in die Tiefe hinabsteigt. Aber damit nicht genug: Plötzlich spielt Nick Mason an den Drums ein hämmerndes Stakkato, und während die Gitarre wieder nach oben strebt, erscheint über den Köpfen der Zuschauer wie aus dem Nichts eine große, verspiegelte Kugel im gleißenden Licht – wie ein heiliger Gral. Eine Erscheinung wird zum Manifest! Der Höhepunkt aber ist erreicht, als sich in dieser Kugel hoch in der Luft ein Riss auftut, aus dem es geheimnisvoll zu leuchten beginnt, während Gilmour nun Töne spielt, die zwischen Solo und Akkorden liegen und für die es gar keine Beschreibung mehr gibt. Das Hereinbrechen einer anderen Welt ist hier ein Herausbrechen aus der Kugel und aus dem musikalischen Schema. Ein Riss tut sich auf, ein Spalt, der die Idee einer Realität hinter der erfahrbaren Realität erahnen lässt. Die Kugel wird zur Blüte, zuerst entfalten sich die unteren Blätter und dann, ganz zum Schluss, im Licht- und Klanggewitter, strebt die obere Hälfte der Kugel fingerförmig in die Höhe, zum Himmel – und die Leinwand richtet sich wieder auf. „If this is the last thing I hear before I die, then I've truly lived". Unter dem 2014 hochgeladenen Youtube-Video des Songs – er wurde fast 20 Millionen Mal angeklickt – finden sich im September 2022 sage und schreibe 13 206 Kommentare. Sie reflektieren die Gefühle, die diese Inszenierung auslöst:

> „Pink Floyd made the soundtrack of the universe. As human beings we must be proud they're from this planet!"; „This is one of the pieces which give me goosebumps and wet eyes, but I didn't cry, just because the guitar was crying for me"; „The night an angel disguised as a guitarist, came down from heaven and played a heavenly celestial solo."

Die hier wiedergegebenen Kommentare stammen alle nur aus den letzten sieben Tagen vor dem Abruf![75]

Man kann darüber denken, wie man will. Banale Musik für das pathetische, aufgeblasene männliche Größenselbst, so in etwa lautet das Urteil einer geschätzten Kollegin. Indessen: Es kommt in der Soziologie nicht darauf an, wie oder was die Dinge an sich sind, sondern darauf, was sie für die Menschen sind. Daher sollten wir so oder so solche Zeugnisse als Ausdruck von Erfahrung erst einmal ernst nehmen: *Die Musik hat für die Fans existenzielle Bedeutung wie kaum etwas anderes.*

8

„Das können die doch nicht ernst meinen? Oh doch, das können die!" Worum es wirklich geht

Weil vieles an der Symbolwelt des Heavy Metal so hemmungslos überzogen wie simplistisch übertrieben erscheint – sowohl die Gewalt-, Tod-, Monster-, Hölle-, Teufel- und Dunkelheitsgesten wie auch die romantischen Liebes-, Schönheits- und Erlösungssehnsüchte und die pathetischen Ansprüche und Posen – fällt es denjenigen, die Metal für kruden Lärm oder jämmerlichen Kitsch halten, leicht, sich darüber lustig zu machen, den Kopf zu schütteln und den Schluss zu ziehen, dass *die das auf keinen Fall ernst meinen können*. Und die Fans selbst, jedenfalls dann, wenn sie sich rechtfertigen müssen, verweisen entweder auf die ironisch-spielerische Seite des Genres oder darauf, dass sich dahinter ‚in Wahrheit' radikale System- und Gesellschaftskritik verberge. Oder allenfalls sei es, wie etwa Jörg Scheller in seiner hoch lesenswerten Analyse der Metamorphosen des Metal nahelegt, die Besonderheit dieser Kunstform, dass sie als Ort fungiere, der auch den Erwachsenen erlaubt, ihre verschütteten pubertären Ängste und Sehnsüchte noch einmal hervorzuholen und auszuleben.[76]

Alles, was ich in den zwei vorausgehenden Kapiteln beschrieben habe, und überhaupt alles, was ich in diesem Buch darzulegen versuche, sagt aber etwas anderes, nämlich: Doch, die meinen das ernst! Die *unbedingte Ernsthaftigkeit* ist ein zentrales Charakteristikum des Heavy Metal, so habe ich es schon im ersten Kapitel dargelegt. Damit stellt sich aber die Frage: *Was* meinen die ernst? Worum geht es den Metalfans und Musikern? Meine Antwort lautet: Nicht um die Oberflächenebene der Texte, Maskeraden und Inszenierungen. Natürlich nicht. Wohl aber um die grundlegenden, die ‚letzten', existenziellen Fragen, die dahinter liegen. Nicht um die Antworten, denn Heavy Metal gibt meist keine (sinnstiftenden) Antworten, jedenfalls keine kognitiven, aber um die Fragen. *The Sick, The Dying … and The Dead!* – so ist das aktuelle Studioalbum von Megadeth betitelt, und das sind wiederkehrende Themen im Metal: Krankheit, Tod und Verfall. Es sind die existenziellen Themen der Menschheit, die sich nicht deshalb erledigen, weil wir als aufgeklärte Menschen uns darüber im Klaren sind, dass wir auf die letzten Fragen keine Antworten finden.

Der moderne Mensch lernt das irgendwann und begreift, dass dem Verharren in der existentialistischen Pose, in der wir nach dem Sinn des Daseins, nach unserem Verhältnis zum Universum, nach dem Anfang und dem Ende, der Wurzel des Guten und des Bösen fragen, etwas Unreifes und vielleicht sogar Asoziales anhaftet. Und so gehen wir eben arbeiten und shoppen, samstags machen wir Party, oder wir engagieren uns in der Politik. Wir kämpfen für höheres Bürgergeld, sauberere Luft oder geringere Mieten, oder gegen die Kriege in der Welt. Dagegen ist nichts einzuwenden. Nur bleiben die existenziellen Themen trotzdem bestehen, sie werden dabei allenfalls verdrängt und überspielt. Metal, so wage ich zu behaupten, begegnet allen dreien der damit verbundenen Probleme – dass es keine Antworten gibt, dass Verdrängung keine Lösung ist und dass das Verharren in existenzialistischer Pose lebensuntauglich macht – auf ästhetische Weise. Eben weil es keine ‚vernünftigen' Antworten auf die existenziellen Fragen gibt, entwickelt die Metal-Szene erstens keine Theorie und schon gar keine Theologie. Sie stellt jene Fragen auf geradezu *un-vernünftige* Weise und öffnet sie dadurch wieder für die Erfahrungsdimension.

Damit weicht sie ihnen – zweitens – aber auch nicht aus, sondern rückt sie vielmehr ins Zentrum, indem sie geradewegs nach dem Verhältnis zum Tod, zum Leben und zum Universum fragt. Diese Themen sind omnipräsent in der Szene, aber sie werden in archetypischen Bildern, im Rückgriff auf allerhand Mythologisches und Archaisches, mit Corpsepaint und Kunstblut verhandelt. Dämonen und Götter, Odin und Valhalla, dunkle Burgen (Dimmu Borgir) und Schreckenspforten und sogar Feen und Drachen stehen gegeneinander, nebeneinander und füreinander ein, sie liefern sich epische Schlachten und versprechen gleichzeitig ewige Verdammnis und ultimative Erlösung – das haben wir schon gesehen.

Und die Fans verharren – drittens – nicht in existentialistischem Weltschmerz, sondern kehren nach dem Konzert in ihr Leben zurück, in dem sie, glaubt man den (nicht ganz unzweifelhaften) Befunden der empirischen Sozialforschung, sogar glücklicher und friedfertiger als ihre durchschnittlichen Mitbürgerinnen ‚funktionieren'. Das kann man durchaus kritisieren, denn auf diese Weise werden oppositionelle und potenziell gesellschaftskritische Energien ‚kanalisiert'. Kapitalistisch erzeugte Frustration, Entfremdung und Aggression werden im Konzert, in dem man sich ach so wild und unangepasst geriert, ausgelebt und womöglich unwirksam gemacht, womit sie jede systemtransformierende Kraft einbüßen. Metalfans könnten daher trotz ihres martialischen Auftretens im Grunde überaus angepasste, systemstabilisierende Personen sein, die sogar noch das CD-Regal aufräumen. Diese politische Kritik am Metal gibt es schon lange.[77] Sie ließe sich allenfalls damit kontern, dass der wütende Punk und die aggressiven Varianten des Rap es auch nicht viel weiter gebracht haben mit der Revolution.

Aber diese Erklärungen befriedigen mich nicht; sie scheinen mir das, was Rock und Metal können, geradezu zu verfehlen. Also zurück zu der Frage: *Was* nehmen sie ernst? Es führt kein Weg daran vorbei: Die Antwort liegt unterhalb der kognitiven Ebene, nicht auf dem Gebiet der sinnhaften Erkenntnis. Ich habe in der Einleitung zu zeigen versucht, dass die Metal-Erfahrung eine Erfahrung des Nicht-Identischen ist. Die alltägliche Welterfahrung des modernen Menschen ist die, dass alles *diesseits* der letzten Dinge eine ‚vernünftige' Erklärung und eine kausale Ursache hat. Dass sich alles Wesentliche im Prinzip berechnen und beherrschen lässt. Dass die Dinge in ihrem Verhältnis zueinander festgelegt sind, und dass sie mit uns nur auf zwei Weisen in Kontakt treten: Zum einen üben sie einen berechenbaren, kausalen Einfluss auf uns aus (Koffein belebt uns, Strichnin tötet uns). Zum anderen sind sie für uns von instrumentellem Interesse: Wir können sie nutzen und formen, um unsere Ziele zu erreichen.

Das Ergebnis ist jedoch, dass wir einem kalten, toten, tauben und schweigenden kurz: resonanzlosen Universum gegenüberstehen, das in keinerlei *innerer* Beziehung zu uns steht. Es hört uns nicht, und es spricht nicht zu uns, es nimmt uns nicht wahr und kümmert sich nicht um uns. Es steht uns gleichgültig gegenüber und tritt uns nur als Ressource, als Hindernis oder als Aggressionspunkt in den Weg. Alles, was uns begegnet, gilt es zu berechnen, zu beherrschen, zu benutzen, zu formen oder zu beseitigen. Und wenn wir dabei scheitern, sind wir selbst schuld. Vielleicht sind ja die Verzerrungen von Gitarren und Verstärkern, das Hämmern der Drums, das Wummern der Bässe und das Kreischen und Growlen der Sänger nichts anderes als der Versuch, in einer taub gewordenen Welt Resonanz zu erzwingen. *Dissonanz* und *Repulsion* (Abstoßung) sind eminent wichtige Werkzeuge, um in einer indifferenten, gleichgültigen, erstarrten Welt eine Reaktion, einen Widerhall hervorzurufen, vielleicht sogar einen Riss zu erzeugen. Und davon gibt es im Metal jede Menge. Dissonanz ist durchaus nicht das Gegenteil von Resonanz; Dissonanz ist das Gegenteil von *Konsonanz*. Weder reine Konsonanz noch reine Dissonanz vermögen Resonanz zu erzeugen. Resonanz ist das Ergebnis der Bewegung zwischen den beiden Polen.

Gegen diese ‚stumme', verdinglichte Form der Weltbeziehung und der Welterfahrung ist vor gut zweihundert Jahren die kulturelle Strömung der *Romantik* angetreten, die auf die nüchtern-vernunftgeleitete Epoche der Aufklärung mit einem ästhetischen Gegenmodell antwortete.[78] Insbesondere in und mit der Kunst – in der Dichtung, der Malerei, der Musik – strebte sie eine ‚Wiederverzauberung' der Welt an, die nicht nur ästhetischer Schein, schöne Illusion sein sollte, sondern durchaus eine andere Wirklichkeitserfahrung und damit ein anderes Wirklichkeitsverständnis im Sinn hatte. Dieses Wirklichkeitsverständnis ließ sich nicht mehr in einem geschlossenen Sinnentwurf fassen, sondern nur noch in wechselnder und widersprüchlicher Bewegung umkreisen und dadurch erahnbar machen. Dichter, Künstler und Denker wie Lord Byron, Mary Shelley, William Wordsworth, John Keats, aber natürlich auch Novalis, Clemens Brentano, Joseph von Eichendorff, die Schlegel-Brüder, Bettina und Achim von Arnim, Caspar David Friedrich, Franz Schubert, Robert Schumann und viele andere haben es zu denken und zu dichten, zu beschreiben, zu malen und zu komponieren versucht. Vielleicht kann man sagen, dass der Kern der Romantik in der Idee besteht, dass ein anderes Verhältnis zur Wirklichkeit, zum Universum, erfahrbar und fühlbar, aber nicht konsistent oder kohärent denkbar und formulierbar ist. Es kommt der Romantik daher in besonderer Weise darauf an, das geschlossene, erstarrte Weltverhältnis der aufgeklärten, bürgerlich-kapitalistischen Gesellschaft wieder in Bewegung zu bringen, buchstäblich zu erschüttern; Risse zutage treten zu lassen, durch die hindurch die Erfahrung oder besser: die *Ahnung* einer antwortenden, mit uns in einer Resonanzbeziehung stehenden Welt wieder möglich wird, in der das Innen und Außen, das Gute und das Böse, der Anfang und das Ende in einem inneren Zusammenhang stehen.

Im Metal stehen aber der Himmel (als Heaven wie als Sky) und die Seele, die Götter und die Teufel, das Vergangene, Gegenwärtige und Zukünftige, das Höchste und das Tiefste, die brüllenden Monster und die singenden Engel in einer ebensolchen kreisenden, schwankenden nie festgelegten und doch stets spürbaren Beziehung. Kurz: Heavy Metal ist in fast jeder Hinsicht ein ‚Kind' der Romantik, er lebt vom ‚Modell Romantik', das heißt von den um 1800 geformten Kulturmustern, Praktiken und Ausdrucksformen, ohne freilich darin zu erstarren. Die Verwandtschaft zwischen Heavy Metal und Romantik ist in der Literatur zu dieser Musik schon vielfach beobachtet worden;[79] es genügt daher an dieser Stelle, sich einige der geteilten zentralen Merkmale noch einmal vor Augen zu führen.

Zunächst wäre da der Hang zu Sagen, Märchen und Mythen und die Aufnahme ihrer Motive und Bilder; sie sind so zentral für die Romantik wie für den Metal. Die den letzteren prägenden Teufel, Geister und Dämonen und die Faszination für Dunkelheit, Krankheit und Dekadenz kommen aus der dunklen Seite der Romanik, der sogenannten *Schwarzen Romantik*; sie finden sich etwa bei E.T.A. Hoffmann (*Die Elixiere des Teufels*) oder bei Samuel Taylor Coleridge, dessen düstere Ballade „The Rime of the Ancient Mariner" von Iron Maiden zu einem Lied auf dem *Powerslave*-Album verarbeitet wurde. Gleiches gilt für die unheimliche Todesfaszination. Auch die im Metal unübersehbare Ästhetik des Hässlichen und Grotesken hat ihren Ursprung in der Romantik, insbesondere in der französischen, etwa bei Victor Hugo.[80] Darüber hinaus entspricht die Vorstellung, dass künstlerische Existenzen der bürgerlichen Angepasstheit (und damit der Logik der Plattenfirmen und des Kommerzes) entgegengesetzt sind und der besonderen Inspiration bedürfen, um wahre Kunst produzieren zu können, einer tiefen romantische Grundüberzeugung. Und schließlich sind auch das Ideal des virtuosen Künstlers – des Gitarrenhelden –, der in der Ekstase zu einer transzendenten Wirklichkeit durchstößt, und die Hoffnung, dass in der Kunst ein Element des Heils oder der Erlösung zu finden sei, weshalb sie unbedingter Selbstzweck zu sein habe, unübersehbar Versatzstücke des ‚Modells Romantik'.[81] Vor allem aber, so scheint mir, teilt der Heavy Metal mit der Romantik das Grundanliegen, den Panzer der Verdinglichung, der sich um die Seele des modernen Subjekts gelegt hat und sie nahezu unüberwindlich vom ‚Universum' beziehungsweise von der letzten, umgreifenden Realität abtrennt, zu durchbrechen – und zwar auf eine ‚magische', nicht-intellektuelle Weise.

Die Öffnung des Risses in der Welterfahrung gelingt aber offensichtlich leichter mit Hilfe der Bilder des Dunklen und Bösen als mit den Symbolen und Ideen des Lichts. Warum ist das so? Erstens, weil die Grundzüge der christlichen Theologie die westliche Kultur so stark geprägt haben, dass sie selbst zur Verdinglichung und Erstarrung tendieren. Sie besetzen aber weitgehend die Stelle des Heiligen – daher die oft kirchenfeindliche Symbolik im Metal. Eine kulturell tradierte und kanonisierte ‚Satanologie' gibt es dagegen nicht. Zweitens, weil die Angst ein Grundelement unserer Weltbeziehung ist und daher Heils- und Erlösungsbilder im Verdacht stehen oder in die Gefahr kommen, sie zu überdecken und zu verdrängen, dem existenziellen Ernst also gerade auszuweichen. Der Riss im Boden unter den Füßen tut sich auf, wenn die Symbole und Bilder des Guten und Bösen, des Lichts und der Dunkelheit in Bewegung geraten und eine spirituelle Begegnung gesucht wird, bei der nicht schon von vornherein feststeht, auf welcher Seite der Erfahrende und das Erfahrene jeweils stehen.

Nehmen wir beispielsweise einen Song wie „O Father, O Satan, O Sun" von Behemoth, einer wirklich ‚schwarzmetallischen' Band (die eben deshalb nicht gerade zu den Favoriten des Autors zählt …). Es ist schon ein bemerkenswertes Erlebnis, sich diesem Song (und vielleicht auch dem zugehörigen Video) einmal auszusetzen – es bedarf starker Nerven.[82] Auffällig ist zunächst zweierlei. Erstens, dass schon im Titel und das ganze Lied hindurch die Attribute des Göttlichen, Reinen und Heiligen präsent und nahezu dominant sind: „O father, o satan, o sun; Let me remain in splendor of thy light; Bornless one […], Liberate me […]; Let the children come to thee; Behold the morning star".

Sie werden freilich konterkariert durch den Umstand, dass an die Stelle Gottes Satan selbst gesetzt wird – freilich als Lichtbringer (lat. *Lucifer*) – und dass sich auch dementsprechende Attribute finden („Agathos Daimon of plague and fever"). Zweitens, dass sowohl der

Text als auch die Videobilder von religiöser, spiritueller und christlicher Symbolik und Mythologie durchdrungen sind. Im Verein mit der Musik, die durch ihre dunklen Akkorde und Orgelpunkte an schwere christlich-sakrale Musik erinnert, sowie mit der Bildsprache wird jedoch eine überaus ambivalente Atmosphäre erzeugt. Stellt sich also die Frage: Meinen die das ernst? Was meinen sie ernst? Und: Was nehmen die Hörer ernst? Meines Erachtens liegt die Antwort auf diese Fragen im Konzept der romantischen Ironie. Dessen Kern besteht darin, dass die Kunst es ermöglicht, etwas vollkommen ernst zu meinen und zugleich *nicht ernst zu meinen*, es zu *widerrufen*. Für Sandra Kerschbaumer liegt eben hierin das Zentrum des romantischen Modells:

> Es besteht in dem Zusammenfallen einer modernen De-Zentrierung und einer dieser Entwicklung gegenläufigen Einheitssemantik, einer Spannung zwischen modernem Kontingenzbewusstsein und der Sehnsucht nach holistischen Sinnentwürfen – deren Status immer wieder kippt: zwischen Behauptung und Dementi, zwischen Sehnsucht nach Wahrheit und Ironie.[83]

Bemerkenswerterweise bringen viele Bands diese Dualität zwischen Behauptung und Dementi auch textlich unmittelbar zum Ausdruck, sogar die Black Metal-Bands, die es ernst zu meinen behaupten. So heißt es etwa bei Dimmu Borgir in dem Song „The Insight and the Catharsis" vom Album *Spiritual Black Dimensions*, dessen Cover ein Mischwesen aus Engel und Monster ziert (ein Mensch in Ketten, mit verbundenen Augen und brennenden Flügeln): „[…] emotional deeps [sic!] unite; Fiction [= Dementi] and transcendence [= Behauptung] woven together".

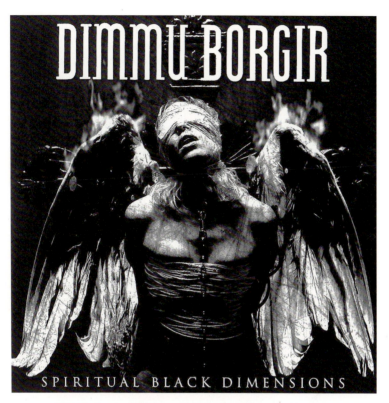

Abb. 3: Engel und Monster, Behauptung und Dementi in einem:
Albumcover von Dimmu Borgir.

Natürlich nehmen sie das ernst! Natürlich nehmen sie das nicht ernst! Beides scheint mir gleichermaßen richtig. „This song calls upon my soul in some deep level that I can't describe", schreibt eine Hörerin unter das Youtube-Video des Behemoth-Songs. Ein anderer ergänzt: „I love how listening to this song feels like a spiritual experience".[84] Da ist etwas in dieser Musik und in diesen Bildern, das eine tiefere Erfahrungsschicht berührt; aber es ist nicht das, was die Bilder, Texte und Töne *sagen*. Sie öffnen gewissermaßen lediglich den Riss und machen die Erfahrung des Nicht-Identischen möglich: Sie erzeugen Resonanz.

Vielleicht ist die Voraussetzung dafür in manchen Fällen wirklich der Schock, wie ihn etwa Dimmu Borgir bei mir mit ihrem 1997 erschienenen Album *Enthrone Darkness Triumphant* erzeugt haben. Auf diesem Black Metal-Album tobt sich die Band musikalisch und textlich rabiat aus. Aber sie unterlegt das immer wieder mit orchestralen und unmittelbar sakralen (unter anderem auch auf der Kirchenorgel gespielten) Klängen. Die plötzliche, ruhige Passage, die auf dem dritten Song „In Death's Embrace" bei Minute 1:23 beginnt, strahlte und strahlt für mich wirklich eine fast überirdisch-elegische und mystische Stimmung aus, die dann bei Minute 1:48 (und erneut bei Minute 3:30) durch die feinen Gitarrenbewegungen unmittelbar die Seele zu berühren scheint. Nur leider will der Text so gar nicht dazu passen. Als ich ihn las, war ich *wirklich* schockiert, so sehr, dass ich die Zeilen bis heute weiß, obwohl ich sie nur einmal gelesen habe. Während die Klavierklänge, später gefolgt von der E-Gitarre, unaufhaltsam nach oben streben, singt (oder besser schreit) der Sänger Shagrath:

> The heavenly father is stretching his hand
> Pathetically begging for mercy
> We spit and piss on his sacred flesh
> As we breathe the breath of the unholy

Das können die nicht ernst meinen! *Das ist doch einfach nur kindisch provokativ!* Aber ich frage mich bis heute, ob ich die Musik so empfunden hätte, wenn die Band keine Black Metal-Band wäre. Der Riss, durch den Begegnung möglich wird, beruhte schon (auch) auf der Spannung zwischen den (himmlischen) musikalischen Harmonien und den (textlich-teuflischen) Monstern, und vielleicht ist ja auch der umgekehrte Nietzsche zutreffend: Je mehr unsere Wurzeln erdwärts, abwärts, ins Dunkle, Tiefe, Böse streben, umso mehr will unsere Seele hinauf in die Höhe, ins Helle? Ich habe jene kurze

Passage aus Nietzsches *Also sprach Zarathustra*, die diesem Buch vorangestellt ist, ausgewählt, weil sie die Doppelbewegung ins Helle und Dunkle als eine einzige, zusammengehörende Bewegung begreifen lässt. Tiefenresonanz bedeutet in meinem Verständnis, dass das Höchste und Tiefste in uns Menschen gleichzeitig berührt, in Bewegung versetzt und verwandelt wird. Heavy Metal-Musik kann einen Weg weisen, solche Resonanz zu erfahren.

Wenn diese Überlegungen den Kern der Erfahrungen von Metalfans treffen, dann lassen sich derartige ,satanischen' Wirkungen allerdings nur auf dem Boden einer noch stark christlich (oder jedenfalls religiös) geprägten Kultur erzeugen. Es ist kein Zufall, dass eine Band wie Behemoth aus Polen stammt. Ihr Ziel ist es, die Hörer nicht nur musikalisch, sondern auch kognitiv und visuell aus dem Ohrensessel zu treiben und dahin zu scheuchen, wo es weh tut, wo die Dinge in Bewegung kommen, wo die Eindeutigkeiten verschwinden und sich der Riss unter der glatten und erstarrten Oberfläche auftut, so dass das Licht hereinkommen kann. *Die erstarrten Verhältnisse zum Tanzen zwingen*: *das* meinen sie ernst – die Musiker wie auch die Hörerinnen. Das Hässliche der Welt ist weder zu überhören noch zu übersehen. Doch der Metal stellt ihm ein klingendes, utopisches *Trotzdem* entgegen, das in den sensiblen Harmonien, die auch im Black und Death Metal noch hörbar sind, zum Ausdruck kommt. Es sind nur ganz feine, fast immaterielle Luftvibrationen, aber sie entfalten eine transgressive und transzendierende Kraft.

Allerdings: Die meisten Fans brauchen dazu die explizite Werteumkehrung und die Verdrehung der emotionalen Besetzungen, wie sie etwa Dimmu Borgir vorführen, gar nicht. Es geht ihnen darum, gegen die Vereindeutigung und die kognitive und emotionale Schließung der Welt anzugehen; sie offen zu halten, um Erfahrung im Sinne wirklicher Begegnung und Berührung zu ermöglichen. Für die Mehrzahl der Metal-Hörer sind daher Bands wie Behemoth oder Dimmu Borgir zu plakativ und zu eindeutig. Sie stellen die

Welt schlicht auf den Kopf, schließen sie dabei aber selbst wieder. Metalfans haben in aller Regel kein Interesse an einer alternativen Glaubenslehre und schon gar nicht daran, sich mit dem Bösen zu assoziieren. Black Metal-Bands, die den Eindruck vermitteln, es mit dem Satanismus ernst zu meinen und diesen als Religion und Heilslehre zu verstehen, verlieren meist rasch an Attraktivität.

Die Metaphern der Dunkelheit und des Todes sind auf schwarzmetallische Obertöne nicht angewiesen. Ihre Wirkmacht entfalten sie in der Metal-Welt, weil sie durch ihre Unergründlichkeit und Unauslotbarkeit den existenziellen Riss spürbar machen. *Tonight, out there I hear the call; I know that my time has come.* Seit langem habe ich einen musikalischen Geheimtipp, den ich mit kaum jemandem teile, weil das rasch peinlich werden kann. Ich meine den Song „Time has come" von Demon. Entgegen dem furchteinflößenden Namen sind Demon eine im Grunde harmlose, weitgehend in Vergessenheit geratene *New Wave of British Heavy Metal*-Band.

„Time has come" ist eine einfach gestrickte Ballade, die sich über elf Minuten hinweg aufbaut und dabei eine Art elegisch-resignativen Lebensrückblick darstellt:

> Two kids from the back street
> We were searching for the rainbow's end
> Riding on the wheels of fortune
> You and me my friend
> Taking all the highs and lows
> With a spirit that could tear down walls
> We learned to run
> To be free
> We gave it all
> Oh, now the race is run
> Gotta to take it on for you
> See the journey through

Aber dann, bei Minute 2:34 zum ersten Mal: Die ruhig schwebende Oberfläche wird aufgebrochen, Bass und Gitarren steigen in die

Tiefe, es brodelt: „Tonight, out there I hear the call; I know that my time has come." Für sich genommen gibt der Text, wie so häufig in der Rockmusik, auch in diesem Fall nicht so viel her. Die Harmonien sind eher unspektakulär, die Rhythmen auch und ja, auch Pressluft-hämmer und anfahrende Lokomotiven erzeugen Lautstärke. Gewiss! Wir haben ja schon wiederholt gesehen, dass im Metal jedes Element seine Kraft verliert, wenn man es isoliert betrachtet. Und doch können diese Elemente im Zusammenwirken etwas in Bewegung setzen, wenn sie auf dispositionale Resonanz, auf Resonanzbereitschaft treffen. Das setzt aber ein entsprechendes Passungsverhältnis auf der Seite der Hörenden voraus.

Wenn ich genau hinhöre, kann ich meine eigene Empfänglichkeit für das Lied an drei Dingen festmachen: Das erste ist eine persönliche, biografische Assoziation. Ich verbinde das Stück nämlich mit dem Bild meines Großvaters, der, als er schon sehr alt und dem Tode nahe war, oft in der Abenddämmerung still auf einem Stuhl in der Wiese auf der Rückseite seines alten, halb verfallenen Hofes saß, von alten Obstbäumen und hohen Holzstapeln geschützt gegen Haus und Straße, und in die untergehende Sonne schaute. Sein Blick ging über eine Wiese zu einem fast unberührten Hochmoor, von dichtem Gestrüpp umgeben, zu dem sich kaum je einer verirrte. Dahinter steht schwarz der Wald. Wenn mich jemand fragt, wie ich mir meinen eigenen Tod vorstelle, dann kommt mir mein Großvater in den Sinn: So möchte ich auch dort sitzen und langsam hinübergleiten. „Ich höre des gärenden Schlammes geheimnisvollen Ton. Einsames Vogelrufen – so war es immer schon. Noch einmal schauert leise und schweiget dann der Wind. Vernehmlich werden die Stimmen, die über der Tiefe sind – *Tonight, out there I hear the call, I know that my time has come*." Okay, die ersten Verse sind natürlich nicht von Demon, das ist Theodor Storms Gedicht „Meeresstrand". Aber es passt zu Demon, es tritt in mir in biografische Resonanz mit meinem Großvater, mit der hereinbrechenden Nacht und mit dem Stuhl hinter dem Haus.

Zweitens aber, auch ganz unabhängig von spezifisch biografischen Bildern, an der Zeile „Feel the warmth of the sun that shines in my eyes", die so seltsam kontrastiert mit der Kälte des Todesrufes und eigentlich gar nicht passt – nicht zum Text, wohl aber zu meinem Großvater –; und dann an der wiederholt gesungenen Zeile: „Take away the mask". *Reiß mir/Dir im Angesicht des Todes endlich die Maske vom Gesicht, enthülle mein/Dein wahres Antlitz.* Das ist eine uralte Metapher. Eine uralte Sehnsucht nach Authentizität, Eigentlichkeit, Wahrheit. Mit Inbrunst herausgeschrien von Dave Hill – und gegen Ende des Songs wird es auch mein Schrei. Das geschieht dort, wo zum Finale hin als drittes Element, wenn der Instrumentalteil wirklich langatmig zu werden droht, die Sologitarre sich anschickt, die Grenze selbst zu überfliegen – ganz ähnlich wie David Gilmours Gitarre das in „Hey You" tut, bevor sie dann doch an der Mauer abstürzt.

Ja, Demon meinen das ernst. Und ja, ihre Fans nehmen es ebenso ernst – aber, und darauf kommt es mir hier an: Da ist nichts in der Sache, an der Sache, das man ernst nehmen *müsste*. Es ist wohl auch keine große Kunst, ich wüsste nicht, nach welchem Kunstkriterium man den Anspruch erheben könnte. Resonanz ist unverfügbar, sie entsteht in den Zwischenräumen. Aber sie entfaltet eine Kraft, die gewaltig sein kann. Jedenfalls stark genug, um die Kulturindustrie zu besiegen, und das will, wie uns Horkheimer und Adorno in der *Dialektik der Aufklärung* gezeigt haben, im Zeitalter der Kapitalismus etwas heißen![85]

9
Exkurs zum Schluss: Wie der Heavy Metal die Kulturindustrie besiegte

Wer um 1995 Heavy Metal-Fan war, sah einer düsteren Zukunft entgegen: Es hatte ganz den Anschein, als sei dieser Musikstil unwiderruflich dem Tod geweiht oder bereits tot. Die großen Bands waren in einer tiefen Sinnkrise: Rob Halford, der ‚Metal God', hatte Judas Priest verlassen, weil er sich anderen Musikstilen zuwenden wollte – die Band lag auf Eis. Bruce Dickinson und Adrian Smith waren aus der gleichen Motivlage heraus bei Iron Maiden ausgestiegen. Die *New Wave of British Heavy Metal* schien am Ende. Dass der Metal so gut wie tot sei, davon waren auch Metallica überzeugt. Lars Ulrich, das Sprachrohr der Band, gab damals zu Protokoll:

> Für mich liegt der Metal in seiner altbekannten Form im Koma. Die Bands wiederholen sich und haben sich dadurch ihr eigenes Grab geschaufelt. Mal ehrlich: Wer braucht schon die zehnte Version ein- und desselben Albums, das beispielsweise Running Wild Jahr für Jahr neu einspielen? […] Heavy Metal ist in seiner ursprünglichen Form als rebellische, frische Untergrundbewegung sinnentleert.[86]

Die Metallica-Musiker schnitten sich die Haare ab, verordneten sich einen Imagewechsel, produzierten mit *Load* (1996) und *Re-Load* (1997) zwei dezidierte ‚Nicht-Metal'-Alben und traten als Headliner beim Alternative Rock Festival *Lollapalooza* (1996) auf. Kurze Zeit später verklagten sie die beliebte Musiktauschbörse Napster und brachten so die verschworene Metal-Community gegen sich auf, die im kommerzfreien File-Sharing nichts Böses, sondern im Gegenteil ein wichtiges Element zur Stärkung des Zusammenhalts der Szene sah.[87]

All diese Entwicklungen waren kein Zufall, kein zufälliges Zusammentreffen von getrennten Prozessen, sondern zumindest *auch* das Ergebnis eines wachsenden Drucks der Plattenfirmen, der Unterhaltungsmedien und der Veranstalter, die um ihre Absatzzahlen und Umsätze fürchteten. Dabei orientierten sie sich schlicht an den Gesetzmäßigkeiten der Kulturindustrie und ihrer Konjunkturwellen: Mit Metallicas Schwarzem Album und den beiden *Use Your Illusion*-Scheiben von Guns n' Roses schien der Höhepunkt der Vermarktbarkeit des Musikstils erreicht zu sein. Heavy Metal dominierte für ein, zwei Jahre geradezu den Mainstream der Unterhaltungsbranche, vor allem in den USA. Die Logik des Marktes ließ nun einen raschen Attraktivitätsverlust des Genres und einen entsprechenden Geschäftseinbruch erwarten und schien folglich die massive Vermarktung und Beförderung eines neuen Trends zu verlangen. Dieser neue Trend zeichnete sich insbesondere im Grunge und Alternative Rock ab. Bands wie Nirvana und Pearl Jam waren die aufstrebenden Acts der Stunde.

Metal ist tot wurde daher zum Mantra auch der Unterhaltungsindustrie, die der Szene in fast konzertiert anmutenden Aktionen den Garaus zu machen versuchte: Die großen Plattenlabels nahmen keine klassischen Metal-Bands mehr unter Vertrag und kündigten vielen der noch verbliebenen Acts ihre Plattendeals. Über Nacht, sogar ohne den Moderator davon rechtzeitig in Kenntnis zu setzen, setzte der damals mächtige MTV-Sender 1995 sein beliebtes Metal Programm, *Headbangers Ball*, ab. Auch die *Monsters of Rock Show* auf Sky Channel und bald darauf *Metalla* auf Viva gab es nicht mehr. Die großen Rock-Festivals wie *Rock am Ring* oder *Rock im Park* buchten keine Metal-Bands mehr, jedenfalls nicht als Headliner, und das legendäre *Monsters of Rock*-Festival in Castle Donington fand 1996 zum letzten Mal statt. Vielleicht am bezeichnendsten von alledem war: Der *Metal Hammer* druckte ab 1996 ,Metal' in der Titelzeile nur noch klein, und 1997 taufte er sich in „New Rock & Metal Hammer" um. 1998 hieß er schließlich nur noch „Hammer". *Metal ist tot* lautete auch hier die Devise.

Die Bands in Auflösung, die Medien in Abwendung, die Festivals tot: So trostlos sah die Lage des Heavy Metal Mitte der 90er Jahre aus. Doch dann geschah ein Wunder, das von der Kraft, vom Zusammenhalt und vom Eigensinn dieser Szene zeugt und meines Wissens absolut einzigartig in der Geschichte der Kulturindustrie ist. Die Fans ließen die Industriebosse ins Leere laufen und machten sich gewissermaßen selbstständig. Die großen Festivals buchen keine Metal-Bands mehr? Kein Problem, dann stellen wir unsere eigenen Veranstaltungen auf die Beine. 1996 wurde das *Bang Your Head*-Festival in Balingen zum ersten Mal eingeläutet. Auf dem Billing fast ausschließlich True und Power Metal-Bands, also genau jene Stilrichtung, die so vehement für tot erklärt wurde. 1997 folgte das *Summer Breeze*, gleichzeitig wuchs das *Wacken Open Air* von einer kleinen, ländlich-regionalen Veranstaltung zu einem der größten und legendärsten Festivals der Welt überhaupt. Musikalische Ausrichtung: Metal, und nur Metal! Der *Metal Hammer* heißt jetzt *Rock Hammer*? Kein Problem: Neue Zeitschriften etablierten sich am Markt, etwa das mit ironischem Seitenhieb auf die Industriebosse und die Heavy-Metal-ist-tot-Propheten *Heavy oder was!?* betitelte Magazin, das personell über Horst Odermatt mit dem *Bang Your Head*-Festival verbunden war und später zum *Rock It!* Wurde. Die etablierten Bands wollen keinen Metal mehr spielen? Auch kein Problem: Junge Bands *wollen* Metal spielen, Fans wollen Metal hören, durchaus auch True Metal. Und so schossen neue Gruppen wie Hammerfall (deren gefeiertes Debüt *Glory to the Brave* 1997 erschien), Edguy (deren erstes Album ebenfalls 1997 in die Plattenläden kam) und wenig später Powerwolf oder Sabaton in den Charts kometengleich nach oben und bespielten die neuen Metal-Festivals. All das bewies eindeutig: Metal lebte und lebt, jedenfalls und insbesondere in Europa. Die Medien, die Festivalmacher und die wetterwendischen Monsterbands hatten sich ins Abseits manövriert!

Vielleicht sogar noch bemerkenswerter als diese Entwicklung ist der zweite Teil dieser subkulturellen Revolution: Die Kulturindustrie gab Schritt für Schritt klein bei. Schon 1999 kehrten Bruce Dickinson und Adrian Smith zu Iron Maiden zurück – um Metal zu spielen. Rob Halford gab 2003 auf und kam als ‚Metal God' zu Judas Priest zurück. Im gleichen Jahr veröffentlichten Metallica ihr *St. Anger*-Album, das wie eine aggressive Entschuldigung für *Load* und *Re-Load* klingt und zu dem sich die Bandmitglieder gewunden äußerten: *Wir würden nicht sagen, dass es nicht Metal ist* …

Die großen Festivals begannen wieder Metal-Bands zu buchen, bald waren Metallica und Iron Maiden als Metal-Bands wieder vereint im Headlinerstatus bei *Rock am Ring* (2003) und *Rock im Park*, und sogar das *Monsters of Rock*-Festival erstand – in verschiedenen Inkarnationen – wieder auf. Ebenfalls 2003 nahm MTV 2 in den USA den *Headbangers Ball* wieder ins Programm und – na klar – aus dem *Hammer* wurde 2004 wieder der *Metal Hammer,* der er bis heute geblieben ist. Noch Fragen?!

Tatsächlich – eine Frage drängt sich auf: Bedeutet dieser Triumph des klassischen Heavy Metal, dass seine Fans nun endgültig selbst im ‚Ohrensessel' sitzen, den sie ursprünglich bekämpften? Sind sie genauso geworden wie jene Besucher der klassischen Konzerthallen, die immer nur Bach, Mozart und Beethoven hören wollen und alles Neue stoisch ignorieren? Ich meine: nein! Jedenfalls nicht zwangsläufig. Denn schon diese Interpretation der Klassikfans ist falsch. Beethoven und Bach werden gespielt, weil sie ihren Liebhabern und auch immer wieder neu hinzukommenden Menschen rund um die Welt tiefe musikalische Erfahrungen eröffnen. Sie ermöglichen eine intensive Berührung und Begegnung mit einer Macht, die unverfügbar bleibt; eine Begegnung mit etwas Unbekanntem, Unerwartetem, Lebendigen, immer wieder *Anderem* just *durch das Alte und Bekannte* – eben Bachs Fugen oder die h-Moll-Messe, Beethovens Symphonien oder Klavierkonzerte oder die späten Sonaten – hindurch. Dasselbe Prinzip scheint mir auch im Heavy Metal wirksam: Ja, Lars Ulrich hat recht, die musikalischen Formen sind nicht neu, die Sounds, Riffs, Bilder, Abläufe sind ritualisiert. Aber in ihnen und durch sie hindurch erfahren die Fans vielleicht noch immer jenen existenziellen Riss, jene Begegnung und Berührung mit den Monstern und den Engeln, die sie suchen; öffnet sich ihnen womöglich stets von Neuem eine Tür zu wirklicher Erfahrung. Vor ein paar Jahren wurde der bekannte Pianist Igor Levit gefragt, ob er denn den berühmten ersten Satz aus Beethovens Mondscheinsonate noch hören könne, schließlich ist er doch nun wirklich an beinahe jeder zweiten Straßenecke zu hören und daher ziemlich abgedroschen. Zur Überraschung des Journalisten entgegnete Levit:

> Ja. Ich habe die Sonate erst kürzlich gespielt. Je häufiger ich eine Sonate spiele, je mehr ich damit arbeite, desto weniger verstehe ich sie, desto mehr entfernt sie sich von mir, desto glücklicher werde ich damit, und desto öfter will ich sie spielen. […] Ich möchte nie sagen: Das habe ich verstanden, das Nächste, bitte. Das Ziel ist: Ich möchte immer wieder am Anfang ankommen.[88]

Die Hoffnung besteht, dass es sich mit Metal – etwa mit „Heaven and Hell", oder „Fear of the Dark", oder „Nothing Else Matters" – ähnlich verhält. Hinter dem Erwartbaren und Bekannten eröffnet sich potenziell bei jedem Konzert immer wieder aufs Neue eine unbekannte, andere, tiefere Dimension der Hörerfahrung, der Begegnung mit der Kraft der Musik.

Die Suche nach immer neuen Oberflächen – nach stets neuen Formen, Künstlern, Stilen, Hits – zeugt, so gedacht, vielleicht eher von einem Mangel an Tiefenresonanz, von einem Mangel an wirklicher Erfahrung. Das verhält sich in der Musik vermutlich nicht anders als im Tourismus. Wenn wir so reisen, dass wir zwar von Land zu Land jetten, uns dabei aber in den standardisierten, ‚sicheren' Hotels und Pizzerien und Museen und Flughäfen (oder gar auf den Kreuzfahrtschiffen) auf nichts Anderes und Fremdes wirklich einlassen, dann fangen wir an, den nächsten Urlaub zu planen, bevor wir den aktuellen beendet haben, weil wir keine wirkliche Erfahrung gemacht, keine echte Begegnung erlebt haben. Wenn uns an einem Ort dagegen wirkliche Begegnungen und Erfahrungen gelungen sind, die uns berühren und transformieren, dann sehnen wir uns genau dorthin zurück – nicht nach immer neuen Attraktionen. Wenn jemand mit Bach oder Beethoven tiefe Resonanzerfahrungen gemacht hat, wird er niemals sagen: Bach oder Beethoven habe ich schon gehört, jetzt will ich etwas Anderes. Sicher kann man seinen Horizont erweitern, aber man wird immer wieder zumindest *auch* zu diesen Komponisten zurückkehren. Das ist mit Iron Maiden, Black Sabbath oder Metallica nicht anders.

Rituale dienen in allen Kulturformen dazu, uns mittels vertrauter, eingeübter Muster, Formen und Praktiken die Begegnung mit dem Unbekannten, Unerwarteten, Unverfügbaren zu ermöglichen.[89] Sie erzeugen dazu ‚Resonanz zweiter Ordnung' in dem Sinne, dass sie uns erfahrungsbereit, offen und empfänglich werden lassen. Wenn sie allerdings erstarren, entsteht stattdessen Entfremdung: Die rituellen Abläufe sagen uns dann nichts mehr, sie berühren uns nicht mehr, erzeugen gähnende Langeweile. Viele leere Kirchenbänke zeugen gegenwärtig von diesem Schicksal im Bereich der christlichen Religion, was nicht ausschließt, dass Menschen dennoch auch in traditionellen Gottesdiensten noch Tiefenresonanz erfahren können. Wenn Heavy Metal die Kraft und Fähigkeit verliert, zwischen seinen Hörern und der Musik berührende, umarmende Resonanz zu erzeugen und die Verhältnisse zum Tanzen zu bringen, werden sich die Konzertsäle und Festivalarenen sehr rasch leeren, vermutlich schneller als die Kirchen, und die Plattenlabel werden sich (einmal mehr) anderen Stilen zuwenden. Noch aber ist es nicht so weit, und ein solches Ende ist aktuell auch nicht absehbar: Heavy Metal lebt!

Outro

Ich habe noch nie Ohrstöpsel bei einem Rockkonzert getragen. Heavy Metal ist reine Energie, die das Geistige mit dem Leiblichen, das Innen mit dem Außen verbindet; er ist Berührung des Körpers, des Leibes durch die Ohren und damit durch die Seele. Er ist Berührung von innen und von außen zugleich; inwendig-geistige und auch physisch spürbare, derbe, heftige, materielle Berührung. Die Musik ist ganz und gar immateriell, feinste Luftzirkulation nur, und doch ist sie ganz und gar leiblich. Und noch etwas: Sie ist ganz und gar verzerrt und gewalttätig, entfremdet, und sie ist – rein. Harmonisch, stimmig. Gestimmt. Sie lässt die Energie zirkulieren und immer gewaltiger werden, ohne dass ich sagen könnte, ob das nun meine Energie ist, die in mir wachgerufen wird, oder eine Kraft, die mich von außen anruft und anstößt, die mir von außen zuwächst und an der ich teilhaben darf. Es ist meine Energie, die ich spüre, aber es ist auch die Energie der Musik, auch sie kommt von innen und außen zugleich. Die Energiequelle, das Kraftzentrum spannt sich zwischen mir und der Welt auf. Dadurch fühle ich mich sicher, fest auf dem Boden und in der Erde verwurzelt, und zugleich hinaus, hinauf, nach oben und ins Weltall gerichtet. Mit dem Universum verbunden, das ist es. Natürlich machen Menschen solche Erfahrungen nicht nur im Heavy Metal. Sie machen sie mit allen möglichen Musikstilen und Genres, im Jazz, in der Klassik, im Rap, im Blues, im Techno usw. Weil das so ist, haben sich womöglich viele Leserinnen und Leser in diesem Buch wiedererkannt, auch wenn sie dem Heavy Metal nichts abgewinnen können. Hör doch. Hör doch nur! Die Welt ist Klang geworden. Seit ich als Jugendlicher im Klassenzimmer meinen Lehrern in Gedanken „We're Not Gonna Take It" (Twisted Sister) entgegenschleuderte, hat mich dieses musikalische Grundgefühl nie mehr verlassen: *He is insurrection, he is spite, he's the force that made me be …*

Danksagung

Dieses Buch ist in Form und Inhalt anders als alles, was ich bisher geschrieben habe. Ein bisschen habe ich versucht, es wie ein Rock-Album zu komponieren, jedes Kapitel ein Song, samt Intro und Outro, wie sich das für ein Konzeptalbum gehört. Vor allem hat es mehr Spaß gemacht als die rein akademischen Bücher. Eine ganze Reihe an Personen haben dazu beigetragen, dass es so werden konnte, wie es jetzt ist. Allen voran ist hier der Lektor des Kohlhammer-Verlages, Peter Kritzinger, zu nennen, der nicht nur die Idee dazu hatte und die Initiative ergriff, sondern die Entstehung über alle Phasen hinweg intensiv und extrem produktiv begleitete. Ich habe viele Stunden mit ihm über Metal und die Welt gefachsimpelt und ich habe inzwischen geradezu das Gefühl, dabei einen guten Freund gewonnen zu haben. Freundschaft ist ein wichtiges Stichwort an dieser Stelle: Mit meinen Freunden Stefan Amann, Simon Stiegeler und Peter Siller verbindet mich nicht nur eine jeweils jahrzehntelange Freundschaft, sondern auch die Musik-Leidenschaft und das Verlangen, über musikalische Erfahrungen nachzudenken. Daher verdanke ich ihnen sehr viel – für dieses Buch und darüber hinaus. Das gilt erst recht auch für meinen Bruder Armin, den ersten Leser des Textes, der mich ermutigt hat, seine Publikation wirklich zu wagen. Mit ihm verbinden mich nicht nur unzählige musikalische Erlebnisse, sondern geradezu eine musikalische Sozialisation. Ich freue mich, dass wir auch heute noch und wieder zusammen Musik machen.

Für die theoretischere Seite des Buches bin ich insbesondere meinen Freunden Jörn Arnecke und Martin Pfleiderer zu großem Dank verpflichtet: Seit vielen Jahren versuche ich, den ‚klassischen' Komponisten und Musiktheoretiker Arnecke von der Kraft des Metal zu überzeugen, allerdings mit nur mäßigem Erfolg. Dabei habe ich aber sehr viel über Musik von ihm gelernt. Für die musikästhetische Diskussion der Populärmusik habe ich von niemandem so viel gelernt wie von dem Musikwissenschaftler Martin Pfleiderer, dem ich viele wertvolle Hinweise und Einsichten verdanke. Wir haben zu zweit und zu dritt schon eine ganze Reihe musikwissenschaftlich-soziologischer Seminare veranstaltet, von denen ich ungemein profitierte. Dank gebührt hier auch den daran teilnehmenden Studierenden, die mit viel Interesse, Inspiration, Leidenschaft und Hingabe dabei waren!

Das Manuskript gelesen und mit zahlreichen wertvollen Hinweisen inhaltlicher, stilistischer und theoretischer Art versehen haben darüber hinaus Christoph Henning, Bettina Hollstein und Jörg Oberthür. Einmal mehr hat Sigrid Engelhardt das Manuskript am Ende sorgfältig korrekturgelesen, formatiert und verbessert. Auf ihr Urteil ist stets Verlass und ich freue mich, dass wir auch über ihren Ruhestand hinaus verbunden sind. Helen Bönnighausen schließlich hat unschätzbare Arbeit geleistet, indem sie auf Anregung von Bettina Hollstein in geduldiger, akribischer und höchst kompetenter Weise Glossar und Register anfertigte, um auch Nicht-Fans eine informierte und hoffentlich spannende Lektüre zu ermöglich.

Sollte das Buch nun trotz aller dieser Hilfen und Inspirationen noch Fehler, Lücken oder Ungereimtheiten enthalten, so bin ich für diese alleine verantwortlich. Zu guter Letzt möchte ich mich bei all denen entschuldigen, die beim Anhören der in diesem Buch diskutierten Musikquellen die Engel gesucht und nur Monster gefunden haben: Musikalische Erfahrungen sind subjektiv und bleiben unverfügbar …

Anmerkungen

1   Götz Kühnemund, Reviews: Black Sabbath, Heaven And Hell, in: *Rock Hard* – https://rockhard.de/reviews/black-sabbath-heaven-and-hell_246183.html [abgerufen 15.12.2022].

2   Ulrich Bäumer, *Wir wollen nur Deine Seele. Hardrock: Daten, Fakten, Hintergründe*, Bielefeld 1984.

3   Bei einem Konzert in Des Moines im Jahre 1982 warf ein Fan eine – aus unerklärlichen Gründen irgendwie sedierte – Fledermaus auf die Bühne, die Osbourne für eine Halloween-Attrappe hielt und der er umgehend den Kopf abbiss. In der Öffentlichkeit kolportiert wurde dies als ‚Ozzy beißt Fledermaus den Kopf ab', was seinen Mythos als unberechenbaren Madman des Metal festigte.

4   Gion Mathias Cavelty, Faszination Metal, in: *SRF „Rock Special"*, 20.05.2020 – https://www.srf.ch/kultur/musik/wochenende-musik/faszination-metal-autor-cavelty-heavy-metal-hat-mich-im-kern-erschuettert [abgerufen 15.12.2022].

5   Jan Koenot, *Hungry for Heaven. Rockmusik, Kultur und Religion*, Düsseldorf 1997.

6   Ein Wort zur Frage des Genderns im Text: Ich habe mich bemüht, hier eine sowohl gendersensible als auch gut lesbare und flexible Lösung zu finden. Das heißt insbesondere, dass ich sowohl generisches Maskulinum als auch generisches Femininum verwende. Wenn ich also von ‚Soziologinnen' spreche, sind damit wohl männliche als auch weibliche Wissen Schaffende gemeint, ebenso wie ‚Hörer' männlichen oder weiblichen Geschlechts sein können. Indem die Bedeutung des sprachlichen Geschlechts auf solche Weise nivelliert wird, können, so hoffe ich, sich damit auch alle non-binären Identitäten mitgemeint fühlen. Gelegentlich habe ich mir aber auch mit Gerundien (Hörende) und Doppelnennungen (Hörerinnen und Hörer) zu helfen versucht.

7   Karl Marx, Zur Kritik der Hegelschen Rechtsphilosophie (*MEW*, Bd. 1), Berlin 1976, S. 381.

8   Theodor W. Adorno, Negative Dialektik. Jargon der Eigentlichkeit, in: Ders., *Gesammelte Schriften*, Bd. 6, hg. von Rolf Tiedemann, Frankfurt a. M. 1970, S. 7–412. Das vollständige Zitat, in Adornos kaum verständlichem Jargon formuliert, bringt auf komplizierteste Weise vielleicht das zum Ausdruck, was der Metalfan vom ersten Akkord eines Songs an spürt (ebd., S. 384–386): „Nichts auf der Erde und nichts im leeren Himmel ist dadurch zu retten, daß man es verteidigt. […] Nichts kann unverwandelt gerettet werden, nichts,

das nicht das Tor seines Todes durchschritten hätte. Ist Rettung der innerste Impuls jeglichen Geistes, so ist keine Hoffnung als die der vorbehaltlosen Preisgabe: des zu Rettenden wie des Geistes, der hofft. […] Die Erwägung, ob Metaphysik überhaupt noch möglich sei, muß die von der Endlichkeit erheischte Negation des Endlichen reflektieren. Ihr Rätselbild beseelt das Wort intelligibel. […] Der Begriff des intelligiblen Bereichs wäre der von etwas, was nicht ist und doch nicht nur nicht ist. Nach den Regeln der Sphäre, die in der intelligiblen sich negiert, wäre diese widerstandslos als imaginär zu verwerfen. Nirgends sonst ist Wahrheit so fragil wie hier. Sie kann zur Hypostase eines grundlos Erdachten ausarten, in welchem der Gedanke das Verlorene zu besitzen wähnt; leicht verwirrt die Anstrengung, es zu begreifen, wiederum sich mit Seiendem. Nichtig ist Denken, welches das Gedachte mit Wirklichem verwechselt. […] Aber mit dem Verdikt über den Schein bricht die Reflexion nicht ab. Seiner selbst bewußt, ist er nicht mehr der alte. Was von endlichen Wesen über Transzendenz gesagt wird, ist deren Schein, jedoch, wie Kant wohl gewahrte, ein notwendiger. Daher hat die Rettung des Scheins, Gegenstand der Ästhetik, ihre unvergleichliche metaphysische Relevanz."

9   Christina Riez im Interview mit Rainer Bayreuther in: *Die Zeit*, 25.07.2021 – https://www.zeit.de/2021/30/kirchenmusik-rainer-bayreuther-orgel-liturgie-gott [abgerufen 15.12.2022].

10   Zum Konzept des ‚Best Account' siehe Hartmut Rosa, Best Account. Skizze einer systematischen Theorie der modernen Gesellschaft, in: Andreas Reckwitz und Hartmut Rosa (Hgg.), *Spätmoderne in der Krise. Was leistet die Gesellschaftstheorie?*, Berlin 2021, S. 151–252.

11   Hartmut Rosa, *Resonanz. Eine Soziologie der Weltbeziehung*, Berlin 2016.

12   Vgl. dazu das 2011 erschienene Konzertvideo *AC/DC Live at River Plate* vom Dezember 2009.

13   Vgl. etwa Michael Rauhut, Raus aus der Spur. Brachte Rockmusik die Mauer ins Wanken?, in: Dominik Schrage u. a. (Hgg.), *Zeiten des Aufbruchs. Populäre Musik als Medium des Wandels*, Wiesbaden 2019, S. 183–202.

14   Spencer Kansa, William Burroughs – Heavy Metal Guru, *Beatdom Nr. 7*, 24.08.2010 – https://www.beatdom.com/william-burroughs-heavy-metal-guru [abgerufen 15.12.2022].

15   Näheres dazu bei: Jan Peter Herbst, Historical Development, Sound Aesthetics and Production Techniques of Metal's distorted Electric Guitar, in: *Metal Music Studies 3.1* (2017), S. 3 und Robert Walser, *Running with the Devil. Power, Gender and Madness in Heavy Metal Music*, Hanover 1993, S. 41–46.

16 Der Begriff irritiert insofern, als es durchaus keine ‚Old Wave' dazu gibt – es handelt sich wohl um eine wortspielerische Anlehnung an den (bzw. Absetzung vom) kurz vorher entstandenen Musikstil des New Wave.

17 Rainer Diaz-Bone, *Kulturwelt, Diskurs und Lebensstil: Eine diskurstheoretische Erweiterung der Bourdieuschen Distinktionstheorie*, Wiesbaden 2. Aufl. 2010, S. 241.

18 Paula Rowe und Bernard Guerin, Contextualizing the mental health of metal youth: A community for social protection, identity, and musical empowerment, in: *Journal of Community Psychology 46* (2018), S. 429–441.

19 Hochbegabte: Krach für die Schlauen, in: *Der Spiegel* 15.04.2007 – https://www.spiegel.de/panorama/krach-fuer-die-schlauen-a-63ccf283 -0002-0001-0000-000051211753 [abgerufen 15.12.2022]. Die Untersuchung wurde von Stuart Cadwallader und Jim Campbell von der National Academy for Gifted and Talented Youth an der Universität von Warwick durchgeführt.

20 Nico Rose, *Hard, Heavy & Happy. Heavy Metal und die Kunst des guten Lebens*, München 2022, S. 294–297.

21 Näheres dazu: Philipp Yorck Herzberg und Marcus Roth, *Persönlichkeitspsychologie*, Wiesbaden 2014, S. 39–52.

22 Zur Studie selbst siehe Adrian C. North, Individual Differences in Musical Taste, in: *The American Journal of Psychology 123* (2010), S. 199–208.

23 Sean Michaels, Classical and metal fans: birds of a feather? in: *The Guardian*, 08.09 2008   https://www.theguardian.com/music/2008/sep/08/classical. metal.fans.study [abgerufen 15.12.2022, eigene Übersetzung].

24 Zur Statista-Umfrage: https://de.statista.com/statistik/daten/studie/171214/ umfrage/interesse-an-hardrock-und-heavy-metal [abgerufen 15.12.2022].

25 Siehe dazu auch die interessante Analyse von Dominik Schrage und Holger Schwetter, „Zeiten des Aufbruchs" und der Chronotopos ländliche Rockdiskothek, in: Dominik Schrage, Holger Schwetter und Anne-Kathrin Hoklas (Hgg.), *„Zeiten des Aufbruchs" – Populäre Musik als Medium gesellschaftlichen Wandels*, Wiesbaden 2019, S. 73–122.

26 Georg Simmel, Die Großstädte und das Geistesleben, in: Ders., *Aufsätze und Abhandlungen 1901–1908*, Bd. 1, Frankfurt a. M. 1995, S. 117.

27 Robert Walser, *Running with the Devil. Power, Gender and Madness in Heavy Metal Music*, Hanover 1993, S. 108–136.

28   Amber R. Clifford-Napoleone, *Queerness in Heavy Metal Music. Metal Bent*, New York/London 2015.

29   Riefenstahl, „Deutschland" & Links-Zwo-Drei-Vier: Wo stehen Rammstein eigentlich politisch?, *Rolling Stone*, 06.05.2022, https://www.rollingstone. de/rammstein-links-nicht-rechts-1976487 [abgerufen 30.01.2023]

30   Eike Cramer, Hört endlich auf zu behaupten, dass Metal und Politik nicht zusammengehören, in: *Metal Hammer*, 10.08.2016 – https://www.metal-hammer.de/meinung-hoert-endlich-auf-zu-behaupten-dass-metal-und-politik-nicht-zusammengehoeren-679867 [abgerufen 15.12.2022].

31   Sehr detailliert und lesenswert hat Rainer Diaz-Bone diesen Diskurs skizziert und analysiert: Rainer Diaz-Bone, *Kulturwelt, Diskurs und Lebensstil: Eine diskurstheoretische Erweiterung der Bourdieuschen Distinktionstheorie*, Wiesbaden 2. Aufl. 2010, S. 241–322.

32   Vincent Grundke, Rev. Leprous: Aphelion, in: *Metal Hammer*, 18.08.2021 – https://www.metal-hammer.de/reviews/leprous-aphelion   [abgerufen 15.12.2022].

33   Anon. Rez. 22.04.2004 – https://www.amazon.de/Metropolis-2-Scenes-Memory-Dream-Theater/dp/B000021XS0/ref=d_pd_sbs_sccl_2_1/260-0301718-6097117?pd_rd_w=fJCD9&content-id=amzn1.sym.dd12e595-59ba-462a-a82b-6daceb70766d&pf_rd_p=dd12e595-59ba-462a-a82b-6daceb70766d&pf_rd_r=YTT2SYCX6W3K4QGTDWK4&pd_rd_wg=DXpua&pd_rd_r=436f0653-5893-41e3-96cc-fec9f1ba9f81&pd_rd_i=B000021XS0&psc=1 [abgerufen 15.12.2022].

34   Walter Sehrer, Rez. Birth: Born, in: *Eclipsed 243*, September 2022, S. 70.

35   Frank Albrecht, Rez. Undertow: Bipolar, in: *Deaf Forever 49* (2022), S. 131.

36   Tatsächlich sind Adornos Schriften zur Musik weit umfangreicher als seine soziologischen und philosophischen Werke; vgl. seine fünf Bände umfassenden *Musikalischen Schriften* (Frankfurt a. M. 2003).

37   Vgl. die Alben von Anna von Hausswolff.

38   Ich denke an die Alben von Apocalyptica, deren Kern aus vier Celli besteht.

39   So beispielsweise die Veröffentlichungen der A-Capella-Band Van Canto.

40   Ausführlich dazu: Hartmut Rosa, *Resonanz. Eine Soziologie der Weltbeziehung*, Berlin 2016.

41 Dieses Muster von Retention und Protention wurde zunächst von Henri Bergson (1859–1941) beschrieben und dann von Edmund Husserl (1859–1938) auf den Begriff gebracht; wer es genauer wissen möchte, sei auf Helga de la Motte-Habers Beitrag, Hörerwartung im zeitlichen Fluss der Musik, in: *Zeitschrift der Gesellschaft für Musiktheorie 10* (2013), S. 293–313 verwiesen.

42 *Louder Than Hell – Wacken 3D – Der Film 2014* bei 1:15:30.

43 Solches Ausdehnen und Zusammenziehen der Seele ist das große Thema des Begründers der sogenannten Neuen Phänomenologie, Hermann Schmitz; vgl. zur Musik insbesondere dessen Buch *Atmosphären*, Freiburg 3. Aufl. 2020, S. 78–91.

44 In der Philosophie und Sozialtheorie wird diese Form der Weltbeziehung neuerdings mit dem aus der Sprachwissenschaft stammenden Begriff des ‚Mediopassiv‘ beschrieben – man könnte sie ebenso gut ‚Medioaktiv‘ nennen.

45 Rob Trujillo, My Prog Hero, in: *Prog 45* (2014), S. 20.

46 Vgl. dazu das Kapitel zur Kunst in meinem Buch *Resonanz. Eine Soziologie der Weltbeziehung*, Frankfurt a. M. 2016, S. 472–500.

47 Dazu ausführlich: Hartmut Rosa, *Demokratie braucht Religion*, München 2022.

48 Für einen umfassenden historischen Überblick über die Szene vgl. das zweiteilige Special in den Ausgaben 427 und 428 (Jg. 41, Januar und Februar 2023) des *Rock Hard*.

49 Das besagte Cover lässt sich ohne Zweifel als sexistisch einstufen und ist aus heutiger Perspektive inakzeptabel. Ähnliches gilt für sehr viele Bilder und auch Texte (man denke etwa an das Scorpions Album Virgin Killer), allerdings nicht nur im Metal, sondern auch in nahezu allen übrigen Kulturbereichen. Die gestiegene Sensibilität in dieser Hinsicht ist ein Fortschritt, der sich glücklicherweise auch in diesem Genre Bahn bricht.

50 Vgl. dazu das aufschlussreiche Buch von Elisabeth von Thadden, *Die berührungslose Gesellschaft*, München 2018.

51 Marek Protzak, Rez. Savatage: Streets, auf: metal.de – https://www.metal.de/reviews/savatage-streets-364188 [abgerufen 15.12.2022].

52 Nico Rose, *Hard, Heavy & Happy: Heavy Metal und die Kunst des guten Lebens*, München 2022, S. 318 f.

53 https://www.youtube.com/watch?v=guUllPtA0nc [abgerufen 05.05.2023].

54   Michael Pilz, Heavy Metal macht den Menschen gut und glücklich, in: *Die Welt*, 09.07.2015 – https://www.welt.de/kultur/pop/article143783969/Heavy-Metal-macht-den-Menschen-gut-und-gluecklich.html [abgerufen 15.12.2022]; Wissenschaftliche Studie belegt: Metal macht glücklich, in: Radio Regenbogen, 08.08.2019 – https://www.regenbogen.de/zwei/musikreport/20190808/wissenschaftliche-studie-belegt-metal-macht-gluecklich?r2=1 [abgerufen 15.12.2022]; vgl. auch die Ergebnisse der Studie von Nico Rose (*Hard, Heavy & Happy: Heavy Metal und die Kunst des guten Lebens*, München 2022, S. 310–313).

55   Nico Rose, *Hard, Heavy & Happy: Heavy Metal und die Kunst des guten Lebens*, München 2022, S. 17.

56   Emile Durkheim, *Die elementaren Formen des religiösen Lebens*, Frankfurt a. M. 1994.

57   Zit. nach Ralf von Appen, *Der Wert der Musik. Zur Ästhetik des Populären*, Bielefeld 2007, S. 228.

58   Die Philosophin Hilge Landweer interpretiert solche Momente als starke, *einpolige* Resonanz: Das Geschehen auf der Bühne wird hier zum zentralen Taktgeber für alle; vgl. Hilge Landweer: ‚Gute‘ und ‚schlechte‘ Resonanzen? Ein Vorschlag zur Erweiterung von Hartmut Rosas Resonanztheorie; in: Jean-Pierre Wils (Hg.), *Resonanz. Im interdisziplinären Gespräch mit Hartmut Rosa*, Baden-Baden 2019, S. 57–70.

59   Alle Zitate: Ralf von Appen, *Der Wert der Musik. Zur Ästhetik des Populären*, Bielefeld 2007, S. 156.

60   Ralf von Appen, *Der Wert der Musik. Zur Ästhetik des Populären*, Bielefeld 2007, S. 151–162.

61   Martin Seel, *Ästhetik des Erscheinens*, Berlin 7. Aufl. 2011, S. 218.

62   Martin Seel, Das Auto als Konzertsaal. Mystische Momente modernen Daseins, in: *Neue Zürcher Zeitung*, 04.04.1998, S. 67; vgl. dazu auch Ralf von Appen, *Der Wert der Musik. Zur Ästhetik des Populären*, Bielefeld 2007, S. 154–157.

63   Helmuth Plessner, *Die Stufen des Organischen und der Mensch*, Frankfurt a. M. 2003, S. 360–425.

64   So beschreibt auch schon Abraham Maslow die Qualität von intensiven musikalischen Erfahrungen durch die temporäre Integration oder Versöhnung der Person mit sich selbst und daher mit der Welt, vgl. Abraham H. Maslow, *Motivation und Persönlichkeit*, Reinbek 16. Aufl. 2021, S. 179–212.

65   „Was sich aufhebt, wird dadurch nicht zu Nichts. [...] *Aufheben* hat in der Sprache den gedoppelten Sinn, daß es soviel als aufbewahren, *erhalten* bedeutet und zugleich soviel als aufhören lassen, *ein Ende machen*. [...] So ist das Aufgehobene ein zugleich Aufbewahrtes, das nur seine Unmittelbarkeit verloren hat, aber darum nicht vernichtet ist", schreibt Hegel (*Wissenschaft der Logik* [Werke, Bd. 6], Frankfurt a. M. 1986, S. 113 f.). Hegels Konzeption der Dialektik, die er schon in der Vorrede zu seinem frühen Buch *Phänomenologie des Geistes* (Werke, Bd. 3, Frankfurt a. M. 1986, S. 11–67) entwirft und dann etwa in der *Logik* systematisch und kompliziert entfaltet, wird oft sehr vereinfachend auf die Formel These – Antithese – Synthese gebracht. Damit gemeint ist, dass zwei Dinge, die einen Gegensatz oder Widerspruch darstellen, auf einer höheren Ebene in einem Begriff ‚aufgehoben' sein können. So scheinen etwa die Begriffe ‚heiß' und ‚kalt' sich gegenseitig zu negieren – sie sind im Begriff der ‚Temperatur' aber so aufgehoben, dass sie nicht ‚lauwarm' werden, sondern gerade in ihrer Gegensätzlichkeit vereint sind. Schwierig wird dies dann, wenn es nicht als rein gedankliche Operation, sondern als Bewegungsprinzip der Wirklichkeit verstanden wird. Dazu sind in der Nachfolge von Hegel und Marx Hunderte von Aufsätzen und Büchern entstanden – die uns hier nicht bekümmern müssen.

66   Abrahm H. Maslow wurde bekannt für das berühmte Stufenmodell der menschlichen Motivation in Form einer Bedürfnispyramide, die sich von den menschlichen Grundbedürfnissen nach Nahrung, Sicherheit und sozialer Anerkennung ausgehend schließlich zum Bedürfnis nach Selbstverwirklichung und Transzendenz hin entwickelt. Abraham H. Maslow, *Motivation und Persönlichkeit*, Reinbek 16. Aufl. 2021. Siehe auch Maslows Beitrag, Was Gipfelerlebnisse uns lehren, in: Erhard Doubrawa (Hg.), *Verbunden trotz Abstand. Von Gipfelerlebnissen und mystischen Erfahrungen*, Köln und Kassel 2021, S. 13–12.

67   Alf Gabrielsson, John Whaley und John Sloboda, Peak Experiences in Music, in: *The Oxford Handbook of Music Psychology,* Oxford 2. Aufl. 2016, S. 745 [meine Übersetzung, H. R.].

68   Alf Gabrielsson, John Whaley und John Sloboda, Peak Experiences in Music, in: *The Oxford Handbook of Music Psychology,* Oxford 2. Aufl. 2016, S. 751.

69   Vgl. dazu etwa Charles Taylor, *Ein Säkulares Zeitalter*, Berlin 2009 oder auch Hans Joas, *Braucht der Mensch Religion? Über Erfahrungen der Selbsttranszendenz*, Freiburg i. Br. 2. Aufl. 2007.

70   So die Musikwissenschaftlerin Judith Becker, *Deep Listeners: Music, Emotion and Trancing*, Bloomington 2004, S. 2 [meine Übersetzung, H. R.].

71   Piercarlo Valdesolo und Jesse Graham, Awe, Uncertainty and Agency Detection, in: *Psychological Science 25* (2014), S. 170–178.

72   Tatsächlich steht solche ja bei vielen Konzerten zu beobachtende Interaktion zwischen ‚Priester'/Sänger und Masse in einer sehr langen Traditionslinie liturgischer Wechselgesänge (Antifone), die sich als inszenierte Massenereignisse bis in die Spätantike zurückverfolgen lassen. Die dabei erzeugte zirkulierende Energie kann natürlich auch für politische Zwecke instrumentalisiert werden. Peter Kritzinger beschreibt in seinem Buch *Ursprung und Ausgestaltung bischöflicher Repräsentation* (Stuttgart 2016, S. 201–212) gewissermaßen die ‚Erfindung' dieser Praxis durch den Bischof Ambrosius von Mailand (339–397), der sich im Jahre 386 durch antifonische Aufwiegelung der Massen dem römischen Kaiser Valentinian II. widersetzte.

73   Zitiert in: *Wrock! Magazin für Musiker:innen, Heavy Metal Zeichen* – https://www.wrock-tv.com/musik/heavy-metal-zeichen [abgerufen 13.02.2023; Hervorhebung im Original].

74   „Harte Riffs, weiche Herzen: Metalfans lassen Rollstuhlfahrer bei Musikfestival schweben" titelte dazu die Zeitschrift *Gala* über einer entsprechenden Meldung vom 10.07.2019 zum *Resurrection* (!)-Fest in Spanien – https://www.gala.de/lifestyle/galaxy/harte-riffs--weiche-herze--metal-fans-lassen-rollstuhlfahrer-bei-musikfestival-schweben-22100332.html [abgerufen 15.12.2022].

75   https://www.youtube.com/watch?v=vi7cuAjArRs [abgerufen 15.12.2022]. In dem letzten der hier wiedergegebenen Kommentare sind die Wörter ‚angel' und ‚guitarist' in ihrer Position vertauscht („a guitarist disguised as an angel"); ich gehe jedoch davon aus, dass es sich hier um einen schlichten Irrtum handelt – Youtube-Kommentare haben keinen Lektor …

76   Jörg Scheller, *Metalmorphosen. Die unwahrscheinlichen Wandlungen des Heavy Metal*, Stuttgart 2020, S. 22.

77   Vgl. etwa: Rainer Sontheimer, Die schwarze Seite des Spießbürgertums: Heavy Metal als reflexiv-moderner Konservatismus?, in: *Hard Wired III – 3. Arbeitstagung zur Heavy Metal-Forschung „Heavy Metal and Society,* 06/2013 – https://www.researchgate.net/profile/Rainer-Sontheimer/publication/321076058_Die_schwarze_Seite_des_Spiessburgertums_Heavy_Metal_als_reflexiv-moderner_Konservatismus/links/5a0c2987458515e48275360c/Die-schwarze-Seite-des-Spiessbuergertums-Heavy-Metal-als-reflexiv-moderner-Konservatismus.pdf [abgerufen 14.02.2023]

78   Vgl. Stefan Matuschek, *Der gedichtete Himmel. Eine Geschichte der Romantik*, München 2021, S. 9–48.

79 Siehe zum Beispiel James Rovira (Hg.), *Rock and Romanticism. Post-Punk, Goth, and Metal as Dark Romanticisms*, London 2018.

80 Stefan Matuschek, *Der gedichtete Himmel. Eine Geschichte der Romantik*, München 2021, S. 189–194.

81 „Modell Romantik" heißt ein von der DFG gefördertes interdisziplinäres Graduiertenkolleg an der Universität Jena, an dem der Autor mitwirkt; daraus sind zahlreiche einschlägige Publikationen hervorgegangen, siehe etwa: Sandra Kerschbaumer, *Immer wieder Romantik. Modelltheoretische Beschreibungen ihrer Wirkungsgeschichte*, Heidelberg 2018. Stefan Matuschek macht in seinem Buch *Der gedichtete Himmel. Eine Geschichte der Romantik*, München 2021 deutlich, wie sehr das, was ich hier als das Wesen des Metal zu beschreiben versuche – *der existenzielle Ernst, die Strategien der Offenheit, die Kippfiguren am Umschlagpunkt zwischen Ernst und Ironie* –, auch das Wesen der Romantik beschreibt. Zur Bedeutung der Ironie und zur dunklen Seite der Romantik siehe auch Dirk von Petersdorff, *Romantik. Eine Einführung*, Frankfurt a. M. 2020, S. 47–60 und 109–122.

82 Eine äußerst aufschlussreiche musikwissenschaftliche Analyse findet sich in dem Buch von Jörg Scheller, *Metalmorphosen. Die unwahrscheinlichen Wandlungen des Heavy Metal*, Stuttgart 2020, S. 183–185. Scheller versucht dort zu zeigen, wie die Manifestation Luzifers musikalisch inszeniert wird.

83 Sandra Kerschbaumer, *Immer wieder Romantik. Modelltheoretische Beschreibungen ihrer Wirkungsgeschichte*, Heidelberg 2018, S. 129. Stefan Matuschek schreibt dazu: „Genau das ist die (im Anschluss an Schlegel so genannte) romantische Ironie: eine Redeweise, die das Absolute, Allumfassende zugleich formuliert und widerruft" (*Der gedichtete Himmel. Eine Geschichte der Romantik*, München 2021, S. 198).

84 https://www.youtube.com/watch?v=05hAQWiX4F4 [abgerufen 15.12.2022].

85 Max Horkheimer und Theodor W. Adorno, *Dialektik der Aufklärung. Philosophische Fragmente*, Frankfurt a. M. 1984. Das zentrale zweite Kapitel trägt den Titel: „Kulturindustrie, Aufklärung als Massenbetrug".

86 Das Zitat findet sich auf der Wikipedia-Seite von Metallica; es stammt aus dem *Rock Hard* vom April 2007 – https://de.wikipedia.org/wiki/Metallica [abgerufen 14.02.2023]

87 Eike Cramer, James Hetfield: Lars Ulrich muss wegen Napster immer noch einstecken, in: *Metal Hammer*, 21.12.2016 – https://www.metal-hammer. de/james-hetfield-lars-ulrich-muss-immer-noch-dafuer-einstecken-dass-er-damals-gegen-napster-stellung-bezog-746807 [abgerufen 14.02.2023]

88   Moritz Uslar, Interview mit Igor Levit: „Es ist so unheimlich geil", in: *Die Zeit*
      22 (2016) – https://www.zeit.de/2016/22/igor-levit-pianist-jubilaeum-ludwig-
      van-beethoven-klaviersonaten [abgerufen 15.12.2022].

89   Vgl. dazu ausführlich: Jörg Rüpke, *Ritual als Resonanzerfahrung*, Stuttgart
      2021.

Glossar

Ein ausführlicheres Glossar inklusive Musikern, Bands und Alben ist als Online-Zusatzmaterial zugänglich unter:

https://dl.kohlhammer.de/978-3-17-042648-1

Aardschock   1980 gegründetes niederländisches Metal-Magazin mit internationaler Reichweite; gibt u. a. mit Band-Interviews und Konzertberichten monatlich Einblicke in die Heavy Metal- und Hard Rock-Kultur wie Geschichte

Adorno, Theodor W.   1903–1969; einer der wichtigsten deutschen Philosophen und Soziologen des 20. Jahrhunderts, zählt zu den Hauptvertretern der Kritischen Theorie (Frankfurter Schule)

Albrecht, Frank   *1979; deutscher Journalist, bis 2014 für das Rock- und Metalmagazin *Rock Hard* tätig; seit 2014 Mitarbeiter beim neu gegründeten Magazin *Deaf Forever*

Alternative Rock   häufig auch Independent bzw. Indie Rock; entsteht Ende der 70er Jahre in Abgrenzung von kommerziellem Rock bzw. Pop Rock; dabei regionale wie kulturelle Differenzen, weswegen kein bestimmter Genrestil zu identifizieren ist

Appen, Ralf von   *1975, deutscher Musikwissenschaftler, beschäftigt sich schwerpunktmäßig mit populärer Musik sowie Fragen bezüglich ihrer Analyse, Wertung und Ästhetik

Awe   engl. für „Ehrfurcht, Scheu"; Ausdruck für Überwältigung, Ehrfurcht, Ergriffenheit durch besondere, erhebende Erlebnisse, bspw. Musikerfahrungen; zugleich verbunden mit Schreck und Schaudern

Bang Your Head   seit 1996 jährlich stattfindendes deutsches Metal-Festival in Balingen (Baden-Württemberg); Name des Festivals leitet sich vom „Headbangen" ab

Bassdrum   auch: große Trommel; tiefe Tonsequenzen produzierendes Schlaginstrument; Herzstück des Schlagzeugs, findet sich mittig positioniert und wird mittels Fußmaschine (Beater) geschlagen

Baudelaire, Charles   1821–1867; französischer Schriftsteller sowie bedeutsamer Lyriker, Wegbereiter der literarischen Moderne

Bayreuther, Rainer * 1967; deutscher Musikphilosoph und Theologe; beschäftigt sich mit der Ontologie von Musik und Sound, genauer mit der Rolle von Klängen als lebensweltlichen Ereignissen, v. a. in religiösen und politischen Zusammenhängen

BDSM Abkürzung der sechs Begriffe Bondage (Knechtschaft/Fessel), Discipline (Disziplin), Dominance (Dominanz), Submission (Unterwerfung), Sadism (Sadismus) und Masochism (Masochismus); steht für bestimmte Arten von Sexpraktiken, bei der selbstbestimmt der Verzicht auf Selbstbestimmtheit (Unterwürfigkeit, Gewalt) ausgehandelt wird

Billing Line-Up eines Festivals

Black Metal Subgenre des Metal, bildete sich in den 80er Jahren vor allen in skandinavischen Ländern aus dem Heavy Metal und dem Thrash Metal heraus; zeichnet sich durch dissonante Töne, kreischenden, schrillen Gesang sowie tremolozensierte Gitarren aus, dabei melodischer als der Death Metal; Texte behandeln häufig okkulte, antichristliche Themen wie die nordische Mythologie oder den Satanismus

Breakout 1968 gegründetes deutsches Heavy Rock-Musikmagazin, erscheint im Zweimonatsrhythmus mit Beiträgen zu Newcomern, Tourdaten sowie Ticketverkäufen

Cavelty, Gion Mathias * 1974; Schweizer Schriftsteller und Journalist

Circlepit koordinierte Abwandlung des Moshpits; Publikum bewegt sich hierbei (meist nach Vorgabe der Band) nicht innerhalb einer Fläche in alle Richtungen, sondern bildet einen Kreis, wobei sich nur entlang der Kreislinie und in einem gemeinsamen Rhythmus bewegt wird; die Mitte des Circle Pits bleibt zumeist leer

Classic Rock 1998 in London gegründetes englischsprachiges Magazin, das sich mit 13 Ausgaben pro Jahr auf Rockmusik spezialisiert

Corpsepaint engl. für „Leichenbemalung"; Schminkform, die das Gesicht unmenschlich, leichenhaft, dämonisch wirken lässt; als optisches Erkennungsmerkmal in der Black Metal-Szene sehr verbreitet, von Künstlern insb. bei Konzerten genutzt

Crowdsurfen vor allem bei Rock- und Metal-Konzerten ausgeübte Praxis, bei der Einzelne auf dem Rücken oder dem Bauch liegend von (bzw. über) der Menge getragen werden

Crowley, Aleister 1875–1947; britischer Okkultist und Schriftsteller, Begründer des modernen Satanismus

Deaf Forever 2014 in Dortmund gegründetes deutsches Musikmagazin, das im Zweimonatsrhythmus Einblicke in die Metal-Szene gewährt und über Konzerte oder Newcomer informiert

Death Metal Subgenre des Metal, zählt neben Black Metal und Thrash Metal zum Spektrum des Extreme Metal; zeichnet sich stilistisch durch schnellen, harten, dissonant sowie aggressiv klingenden Sound aus, Intensität wird durch Blast Beats, tiefer gestimmte Gitarren sowie gutturalen Gesang gesteigert, insgesamt weniger melodisch als der Black Metal; Texte behandeln neben mythisch-nihilistischer Thematik vor allem Gewalt, Tod, Krieg oder Schmerz sowie fantastische Szenarien

Deep Listening 1988 von der US-amerikanischen Komponistin und Experimentalmusikerin Pauline Oliveros geprägter Begriff; bezeichnet die Praxis des bewussten, aufmerksamen Zuhörens, wobei Gedanken und Sinne ungeteilt auf ein Musikstück ausgerichtet sind; Nähe zu Trance-Praktiken, oftmals mit intensiven Selbst- und Welterfahrungen bzw. -erkenntnissen verbunden

Dialektik der Aufklärung 1944 erschienenes Buch der deutschen Philosophen und Soziologen Theodor W. Adorno und Max Horkheimer; eines der bedeutendsten philosophische Werke des 20. Jahrhunderts, gilt als Hauptwerk der Kritischen Theorie

Diaz-Bone, Rainer * 1966; deutscher Soziologe, beschäftigt sich schwerpunktmäßig mit Diskurs- sowie sozialwissenschaftlicher Netzwerkanalyse, hierbei auch Untersuchungen zur Techno- und Metal-Szene

Dispositionale Resonanz Grundhaltung der Bereitschaft, sich zur Welt hin zu öffnen und Resonanzbeziehungen zuzulassen; auch: Bedingungen schaffen, die ein solches Erleben möglich machen

Durkheim, Emil 1858–1917; französischer Soziologe und Ethnologe, beschäftigte sich u. a. mit gesellschaftlichen Veränderungsprozessen sowie Studien zur Religion wie zum Suizid; Mitbegründer der modernen Soziologie

Eclipsed 2000 in Aschaffenburg gegründetes deutsches Musikmagazin, in der monatlichen Ausgabe wird sich v. a. mit den Genres Artrock, Progressive Rock, Psychedelic Rock, Classic Rock, Hard Rock beschäftigt

Exzentrische Positionalität Begriff in der Anthropologie Helmuth Plessners, der die spezifisch menschliche Seinsweise beschreibt; ein Mensch nimmt demnach erstens eine bestimmte (leibbezogene) Position ein, die ihn gegen seine Umwelt abgrenzt und von der aus er wahrnimmt und handelt (Positionalität); zweitens hat der Mensch ein Selbstbewusstsein, wodurch er sein Leben nicht nur lebt, sondern sich zugleich aus reflektierender Distanz heraus beobachtet, d. h. eine exzentrische Beziehung zu sich selbst einnimmt

Gabrielsson, Alf   *1936; schwedischer (Musik-)Psychologe, beschäftigt sich v. a. mit der Erfahrung besonderer musikalischer Ereignisse sowie expressiven Musikperformances

Glam Rock   Subgenre der Rockmusik, bildete sich im Großbritannien der 70er Jahre heraus; opulente, aufwendig gestaltete Inszenierungen und Spiel mit Männlichkeitsbildern; Aufkommen u. a. als Auflehnung gegen den Mainstream Rock

Growling   engl. für „knurren, brummen"; verzerrte, tiefe, gutturale Gesangstechnik, v. a. in Subgenres des Metals angewendet; vertont die zumeist düsteren, ‚bösen' Textpassagen

Grunge   Subgenre der Rockmusik, bildete sich in den späten 80er Jahren heraus; assoziiert wurden damit zunächst Alternative und Punk Rock-Bands wie Soundgarden, Nirvana oder Pearl Jam, später Verbindungen zum Heavy Metal; zeichnet sich durch verzerrte, ungeschliffen klingende E-Gitarren sowie unkonventionell klingende Sounds aus

Guitar Player Magazine   1967 in Kalifornien gegründetes US-amerikanisches Gitarristen-Magazin, erscheint in monatlicher Ausgabe mit Artikeln hauptsächlich zu Gitarren, Gitarristen sowie Musikrezensionen

Hair Metal   Subgenre des Metal, eher abwertende Bezeichnung für Glam Metal; bildete sich in Anlehnung an den Glam Rock und den Heavy Metal in den 80er Jahren heraus; zeichnet sich durch langsam-melodische Stücke wie Power-Balladen aus

Hard Rock   Subgenre der Rockmusik, Entstehung des Begriffs in den 60er Jahren als Abgrenzung zum Mainstream Rock; zeichnet sich durch ausdrucksstarken bis aggressiv klingenden Gesang, verzerrte Gitarren sowie treibende Rhythmusinstrumente aus

Heavy Metal   Subgenre des Metal, entstand Ende der 70er Jahre in England aus dem Blues, Punk und Hard Rock heraus, wird auch als traditioneller/klassischer Metal bezeichnet; zeichnet sich durch verzerrte, harte Gitarren, harte Riffs sowie hohe Geschwindigkeit aus; Pionierarbeit leisteten hier Led Zepplin, Black Sabbath und Deep Purple

Hegel, Georg Wilhelm Friedrich   1770–1831; deutscher Philosoph und wichtigster Vertreter des Idealismus, gilt als einer der wirkmächtigsten Philosophen der jüngeren Philosophiegeschichte

Hi-Hat   Teil des Schlagzeugs; bestehend aus zwei Becken, die mittels einer Spannschraube befestigt sind und durch ein Pedal das Aneinanderschlagen der Becken ohne Einsatz der Hände ermöglichen; wird vor allem im Jazz, Rock und Pop eingesetzt

Horkheimer, Max 1895–1973; deutscher Philosoph und Soziologe, Direktor des Instituts für Sozialforschung in Frankfurt sowie als Hauptvertreter der Kritischen Theorie (Frankfurter Schule) einer der wichtigsten Denker des 20. Jahrhunderts

Husserl, Edmund 1859–1938; deutscher Philosoph und Mathematiker, Begründer der Phänomenologie; gilt als einer der einflussreichsten Philosophen des 20. Jahrhunderts

Iron Maiden: Flight 666 britisch-kanadischer Dokumentarfilm von Sam Dunn und Scot McFadyen, erschienen im Jahr 2009; dokumentiert die Welttournee *Somewhere Back in Time* der britischen Heavy Metal-Band Iron Maiden

Kerouac, Jack 1922–1969; US-amerikanischer Schriftsteller sowie einer der wichtigsten Vertreter der Beat Generation

Kerrang! 1981 in London gegründetes britisches Musikmagazin, erscheint in wöchentlicher Ausgabe mit Artikeln und Trends zu Rock- und Metalmusik

Kerschbaumer, Sandra * 1971; deutsche Literaturwissenschaftlerin, betreuende Hochschullehrerin im Graduiertenkolleg ‚Modell Romantik' der Friedrich-Schiller-Universität Jena; Schwerpunktsetzung in Literaturkritik, Literatur und Epoche der Romantik wie der Aufklärung

Kühnemund, Götz * 1966; deutscher Journalist und Sänger, Herausgeber des Musikmagazins *Deaf Forever*

Legacy 1999 in Saarbrücken gegründetes deutsches Musikmagazin; berichtet im Zweimontagsrhythmus über die Metal-Szene, dabei besonders auf Black Metal sowie Death Metal spezialisiert

Listening Session zunehmender Trend im Musikgeschäft; Bands zeigen ausgewählten Journalistinnen vorab ihr noch nicht erschienenes Musikalbum, anschließend wird den Fans in der Presse von dem neuen Album berichtet und eine erste musikalische Einschätzung getätigt

Live at River Plate Live-Video und -Album der australischen Hard Rock-Band AC/DC mit 18 Tracks, erschienen im Mai 2011

Lollapalooza seit 1991 jährlich stattfindendes US-amerikanisches Musikfestival, mittlerweile Ableger auch in Südamerika und Europa; genreübergreifend, spezialisiert auf Alternative Rock, Electro, Rap, Dance Musik; Lifestyle-Festival, das neben Musik auch Raum für Kunst und Kultur bietet

Maslow, Abraham 1908–1970; US-amerikanischer Psychologe, bekannt für seine Theorie des hierarchischen Stufenmodells menschlicher Bedürfnisse, die sich von der Befriedigung von Grundbedürfnissen (Nahrung, Sicherheit o. Ä.) bis hin zum Streben nach Selbstverwirklichung entwickeln

Mengele, Josef 1911–1979; deutscher Nationalsozialist und Kriegsverbrecher, der von 1943 bis 1945 als Arzt im Konzentrationslager Auschwitz arbeitete; führte dort anthropologische und medizinische Untersuchungen in Form von oft tödlich endenden Menschenversuchen durch; ihm oblag zudem die Aufgabe, Personen für den Tod durch Vergasung zu bestimmen

Merleau-Ponty, Maurice 1908–1961; französischer Philosoph; einer der wichtigsten Vertreter der (französischen) Phänomenologie, Begründer der Leibphänomenologie

Metal Hammer 1983 in Berlin gegründetes deutsches Musikmagazin mit internationaler Reichweite, berichtet als eines der bekanntesten und erfolgreichsten Zeitschriften der Metal- und Rock-Szene monatlich über Neuigkeiten der Szene, über Genreentwicklungen, Newcomer, Konzerttermine und einzelne Bands bzw. Musiker

Metalcore Subgenre des Metal; bildete sich aus einer Fusion des Hardcore Punk mit dem Extreme Metal heraus; dabei sind Auftritt und Textinhalte eher dem Punk zuzuordnen, musikalisch ist die Stilrichtung am Metal orientiert und zeichnet sich durch harte, schnelle Gitarrenriffs sowie aggressive Shouts und Screams aus

Metalheads Anhänger der Musikrichtung und der Kultur des Metal

Moshpit entsteht in den 80er Jahren in der Metal-Szene; Tanzform, bei der sich das Publikum vor der Bühne in wilderen Bewegungen auf einer kreisförmigen Fläche bewegt; birgt Verletzungsgefahren und wird daher immer wieder verboten; zumeist wird jedoch rücksichtsvoll aufeinander geachtet

Munson, Eddie fiktiver Hauptcharakter der Netflix-Serie *Stranger Things*; exzentrischer, rebellischer Außenseiter und Anführer des Höllenfeuer-Clubs; Mitglied in einer (Metal-)Band

National Socialist Black Metal (NSBM) rechte, neonazistische Strömung innerhalb der Black Metal-Subkultur, aufgekommen in den frühen 90er Jahren; Musiker vertreten nationalsozialistische Gesinnungen, die sie in Text, Bildsprache (Layout) und Kleidungsstil (u. a. NS-Symbolik) zum Ausdruck bringen; Verherrlichung des Dritten Reiches, dieses wird häufig in Bezug zu okkulten, mystischen Themen gesetzt

Neue Deutsche Härte (NDH) musikalische, am Rock und Metal orientierte Strömung, die sich in den 90er Jahren entwickelte; zeichnet sich durch tiefen Gesang, verzerrte Gitarren sowie elektronische Effekte (Hardcore Einflüsse) aus; Texte sind überwiegend in deutscher Sprache abgefasst und behandeln allgemeine Themen, wobei stets ein Tabuchbruch mitschwingt; nicht unumstrittene Bewegung, Vorwurf der Nähe zum Rechtsextremismus

New Wave of British Heavy Metal (NWOBHM)   war eine musikalische Bewegung, die etwa 1980 in England ihren Ursprung hatte; stilistisch zeichnete sich die Musik durch die Verbindung von Punk mit Hard Rock aus, stark prägend bzw. mitbegründend für die zu dem Zeitpunkt noch am Anfang stehende Heavy Metal-Szene; assoziierte Bands u. a. Diamond Head, Iron Maiden, Judas Priest

Nietzsche, Friedrich   1844–1900; deutscher Philosoph und Philologe, gehört mit seinen Überlegungen zu Moral, Religion und Kultur bis heute zu den einflussreichsten Denkern

North, Adrian   britischer Psychologe, spezialisiert auf Musikpsychologie

Nuclear Blast   1987 gegründetes deutsches Musiklabel mit weltweitem Betrieb; mit über 100 unter Vertrag stehenden Bands eines der führenden Label im Independent-/Heavy Metal-Bereich

Ontologische Sicherheit   Begriff aus der Soziologie Anthony Giddens; beschreibt den Umstand, dass wir mit unserem Leben, unserer Umwelt zumeist selbstverständlich und vertrauensvoll umgehen, Dasein und Handlungen werden als konstant, gesetzt und sicher empfunden; Verlust dieser Sicherheit in Handlungsunterbrechungen, Schockmomenten, existenziellen Krisen

Pagan Metal   Subgenre des Metal, Nähe zum Black, Death und Viking Metal; kombiniert aggressiven, harten Metal mit akkustisch gespielter Folklore; Texte befassen sich mit nordischer Mythologie und vorchristlichen Völkern; nicht unumstrittenes Genre in der Metal-Szene

Peak Experience   auch: Gipfelerlebnis; ein von Abraham Maslow geprägter Begriff; bezeichnet seltene, intensive wie tief bewegende Erfahrungen, die einen veränderten Bewusstseinszustand, einzigartige Momente höchsten Glücks und höchster Erfüllung bewirken

Plessner, Helmuth   1892–1985; deutscher Philosoph und Soziologe, Hauptvertreter der philosophischen Anthropologie

Pommesgabel   ‚Mano Cornuta' (it. für „gehörnte Hand"), irrtümlich auch: Teufelsgruß; Handzeichen in der Heavy Metal- und Rock-Szene, besonders bei Konzerten beobachtbar; wird gebildet durch die emporgereckte Hand, wobei Zeigefinger und kleiner Finger ausgesteckt werden, während der Daumen auf Mittel- und Ringfinger liegt

Pop Metal   Oberbegriff für kommerziellen Heavy Metal oder Hard Rock; wird mit Bon Jovi, Def Leppard u. a. in den 80er Jahren populär; zeichnet sich durch eingängige, rhythmische Melodien aus

Power Metal   Subgenre des Metal; aufgekommen v. a. in den 90er Jahren im europäischen Raum; zeichnet sich durch sehr hohes Tempo, melodiöse Texte sowie eine zumeist positive Grundstimmung aus

Progressive Rock (Progrock)   Subgenre des Rock, die sich in den späten 60er Jahren aus dem kommerziellen Rock und Pop heraus entwickelte; zeichnet sich durch komplexere, musikalische Strukturen und Rhythmen, längere, klassisch angelehnte Stücke sowie anspruchsvolle, immer wieder auch kultur- bzw. gesellschaftskritische Texte aus; klassische Vertreter sind u. a. Pink Floyd, Yes, Dream Theater

Pulse   Live-Video und -Doppelalbum von Pink Floyd, erschienen 1995; Album und Video entstanden während der *The Division Bell Tour* 1994 und enthalten u. a. auch Titel der Alben *The Dark Side of the Moon, The Wall*

Resonanz   Beziehungsmodus, Erfahrung des In-Beziehung-Tretens mit der Welt, das vier Phasen beinhaltet: zunächst berührt, ergreift uns etwas, die Welt spricht uns an (1), hierauf reagiert, antwortet etwas in uns (2), wodurch sich in uns eine Transformation vollzieht (3); dieserart tiefgreifende, mitunter existenzielle Erfahrung liegt dabei in unverfügbaren Weltausschnitten; sie lässt sich nicht erzwingen, bleibt selten und kurzweilig (4)

Riff   kurzes musikalisches Motiv als Abfolge bestimmter Akkorde/Töne, das rhythmisch und melodisch besonders prägnant ist; dadurch hoher Wiedererkennungswert, Markenzeichen eines Songs; bspw. Gitarrenriff in „Smoke On The Water" der britischen Rock-Band Deep Purple

Rock am Ring   seit 1985 jährlich stattfindendes Rock-Festival auf dem Nürburgring; gilt als traditionsreichstes Rock-Festival Deutschlands; Parallelveranstaltung zu *Rock im Park* mit identischer Bandbesetzung

Rock Hard   1999 in Dortmund gegründetes deutsches Heavy Metal-Musikmagazin; berichtet als eine der wichtigsten Zeitschriften monatlich im Bereich des Metal und Rock

Rock im Park   seit 1985 jährlich stattfindendes Rock-Festival in Nürnberg; gilt als eines der traditionsreichsten Rock-Festivals Deutschlands; Parallelveranstaltung zu *Rock am Ring* mit identischer Bandbesetzung

Rock in Rio   fünftes Live-Video und -Album der britischen Heavy Metal-Band Iron Maiden; dokumentiert das Abschlusskonzert der *Final Frontiers*-Tour im Januar 2001 auf dem *Rock in Rio*-Festival

Rock It!   2000 in Düsseldorf gegründetes Musikmagazin; enthält im Zweimonatsrhythmus Interviews, Rezensionen und Musikbesprechungen in den Genres Hard Rock und Heavy Metal

Rockpop in Concert   Musiksendung, die von 1978 bis 1989 im ZDF ausgestrahlt wurde und Live-Konzerte internationaler Rock- und Pop-Musiker in der Dortmunder Westfalenhalle aufzeichnete

Rocks 2007 in Köln gegründetes deutsches Rock-Musikmagazin; berichtet im Zweimonatsrhythmus aus der Rock- und Blues-Szene, zunehmend wird auch Metal als Genre miteinbezogen

Rolling Stone 1967 in San Francisco gegründetes US-amerikanisches Musikmagazin; beschäftigt sich in seiner monatlichen Ausgabe hauptsächlich mit Albumerscheinungen sowie Musikgeschichte der Pop- und Rockmusik; zunehmend werden auch politische und kulturelle Neuigkeiten thematisiert

Romantische Ironie ästhetische Theorie der Kunstbetrachtung, bei der die Produktionsverfahren sich im Werk widerspiegeln; Unterbrechung, Zerstörung der selbstgemachten Illusion eines Kunstwerks, Geschaffenes bewegt sich im Spannungsfeld künstlerischer Wahrheit sowie zugleich permanenter Selbstreferenz, Distanzierung, Rezensierung; etwas ist gemeint wie nicht gemeint zugleich

Rose, Nico * 1978; deutscher Psychologe und Autor mit Schwerpunkt auf Wirtschafts- und Unternehmenspsychologie; bekennender Metalfan

Scheller, Jörg * 1979; deutscher Kunstwissenschaftler, Journalist und Heavy Metal-Musiker; Scheller forscht zu Körperkultur, osteuropäischer Kunst sowie zur Popkultur und Popmusik (v. a. Heavy Metal)

Seel, Martin * 1954; deutscher Philosoph, Schwerpunktsetzung in der Kunst- und Naturästhetik sowie in der praktischen Philosophie (Ethik des guten Lebens)

Simmel, Georg 1858–1918; deutscher Philosoph und Soziologe, zählt zu den bedeutendsten Denkern des 20. Jahrhunderts sowie mit seinen zahlreichen sozial- wie kulturwissenschaftlichen Essays als Mitbegründer der modernen Soziologie als eigenständiger Disziplin

Sloboda, John * 1950; US-amerikanischer (Musik-)Psychologe, beschäftigt sich v. a. mit dem Verhältnis von Musik und sozialen wie psychischen Prozessen

Sludge Metal Subgenre des Metal, aufgekommen in den USA der 90er Jahre; entlehnt sich dem Hardcore Punk und Doom Metal, zeichnet sich durch schleppenden, düsteren Klang mit zugleich aggressivem, hartem Shouting aus

Snaredrum Zylindertrommel mit Schnarrseiten am Resonanzfell, die mit zwei Trommelstöcken oder Besen geschlagen wird; zumeist wichtigstes Element des Schlagzeugs, mit seinem charakteristischen Sound verantwortlich für den Backbeat

Sonic Seducer 1994 in Dinslaken gegründetes deutsches Musikmagazin; gibt als eine der bekanntesten Zeitschriften im Bereich Alternative und Metal monatlich Einblicke in Konzerte, Background Storys sowie ausgewählte Themenschwerpunkte

Symphonic/Epic Metal   Subgenre des Metal, besonders erfolgreich in den 2000ern; zeichnet sich durch die kontrastreiche Kombination von hartem Metal mit symphonisch-klassischen Elementen (Orchester, Chöre) aus, häufig weibliche Sopranstimmen als Frontsängerinnen; wird auch als Opera Metal bezeichnet

Thrash Metal   Subgenre des Metal; entstand Anfang der 80er-Jahre aus einer Kombination von New Wave und Hardcore Punk; zeichnet sich durch Geschwindigkeit und Aggressivität, komplexe, schnelle Gitarrenriffs sowie das Double-Bass-Schlagzeugspiel aus; inhaltlich beschäftigen sich die Texte mit gesellschaftspolitischen Problemen, aber auch mit Krieg, Gewalt, Folter

True Metal   Begriff geprägt durch die Metal-Band Manowar in den 80er Jahren; Sammelbegriff für Metal-Bands, die sich – trotz unterschiedlicher Musikstile – durch eine gemeinsame ideologische Einstellung zum Metal auszeichnen: das musikalische Niveau, das sich aus der Klassik ableitet, beizubehalten; Texte behandeln Themen wie Kampf, Krieg, Ehre und Gerechtigkeit; Abgrenzung von Metal-Bands, die kommerziellen Erfolg anstreben

Viking Metal   Subgenre des Metal, aufgekommen in den späten 80er Jahren; kombiniert den Black und Death Metal mit hymnischen und folklorischen Elementen, harte, aggressive Stile werden mit klaren Gesängen, Flöten, Fideln oder Akkordeon gepaart; textlich werden alte nordische Traditionen, Mythen, Spirituelles, Naturthematiken sowie das Christentum aufgegriffen; nicht unumstrittenes Genre in der Metal-Szene

Visions   1989 in Dortmund gegründetes deutsches Musikmagazin, erscheint monatlich mit Interviews und Reportagen vorrangig im Bereich des Alternative Rock

Wacken Open Air   seit 1990 jährlich stattfindendes deutsches Metal-Festival in Wacken (Schleswig-Holstein); eines der größten und bekanntesten Metal-Festivals weltweit; auch als ‚Holy Ground‘ bezeichnet

Waldenfels, Bernhard   * 1934; deutscher Philosoph, einer der bedeutendsten deutschsprachigen Philosophen und Phänomenologen der Gegenwart

Wall of Death   Abwandlung des Moshpits; wird von der auftretenden Band koordiniert, diese formt das Publikum zu zwei Gruppen, dadurch entsteht eine gangförmige Fläche in der Mitte; auf Kommando rennen/springen dann beide Gruppen aufeinander zu und prallen zusammen; wird hauptsächlich im Hardcore und Metal praktiziert; aufgrund des Verletzungsrisikos mittlerweile oftmals verboten

Walser, Robert   US-amerikanischer Musikwissenschaftler, spezialisiert auf Jazz, Heavy Metal und Popmusik sowie auf kulturwissenschaftliche Studien

Register

T

U

V

Jörg Scheller/Jochen Neuffer

Make Metal Small Again

20 Jahre Malmzeit

Ca. 200 Seiten. Kartoniert.
Ca. € 22,–
ISBN 978-3-17-043435-6

Reihe: Metalbook

Metalbands stehen auf gewaltigen Bühnen, vor Verstärkertürmen und Tausenden wilder Fans. Sie trinken kübelweise Bier, rauschen in Tourbussen durch die Nacht, tremolieren im Heldentenor über Sex, Drugs und den Tod. Ihr größtes Ziel: Wacken. Alle Metalbands? Nein! Eine kleine Metalband tingelt seit zwei Jahrzehnten über Dorffeste, Vereinsfeiern, Hochzeiten, Vernissagen und durch Geburtstagspartys. Sie hat keine Verstärker, keine Plattenfirma. Sie liefert annähernd CO2-neutralen Metal wie Pizza auf Bestellung und hätte einmal beinahe Angela Merkel beschallt. Sie singt nur übers Wetter und spielt im Sitzen, gediegen gekleidet und teetrinkend. Sie richtet sich gleichermaßen an Bildungsbürger, Wutbürger, Spießbürger. Ihr Name: Malmzeit. Ihre Mitglieder: Sumatra Bop und Earl Grey. Ihr Motto: Make Metal Small Again! Tauchen Sie ein in die völlig irre Bandbiographie der womöglich kleinsten Metalband der Welt. Ein Buch voller bizarrer Ereignisse, das komplett erfunden sein könnte, wäre nicht jedes Wort wahr!

Prof. Dr. Jörg Scheller lehrt und forscht an der Zürcher Hochschule der Künste. Jochen Neuffer ist Softwareingenieur in der Automobilindustrie. Er ist in einer Vielzahl musikalischer Projekte aktiv, u.a. spielt er Gitarre in der Alternative-Band Cristo Crouch und mit FruitOfTheLoop widmet er sich der Klangforschung.

Weitere Informationen unter **shop.kohlhammer.de**

Manuel Trummer

Highway to Hell

Das Satanische im Heavy Metal

Ca. 250 Seiten. Kartoniert.
Ca. € 19,–
ISBN 978-3-17-042074-8

Reihe: Metalbook

Schwarze Messen, Satanismus, Teufelskult – das Satanische hat im Rock ‚n' Roll seit jeher einen festen Platz. Jedenfalls warnen konservative Kräfte bereits seit den 1950er Jahre vor dem teuflischen Einfluss der Rockmusik auf Jugend, Kultur und Gesellschaft. Seit den 1970er-Jahren kultivierte der Heavy Metal ganz bewusst sein Image als „Teufelsmusik" und zieht bis heute vielfältige kreative Impulse aus dem Satanischen. Der Teufel selbst begegnet in Musik, Texten und Artworks als schillerndes, vielschichtig besetztes Symbol. Ob als schauerliche Horrorfigur, als provokanter Trickster oder als Idol in parareligiösen okkulten Systemen – er prägt die Ästhetik und Ideologie des Metal wie kaum eine andere Gestalt. Stets bleibt er dabei zugeich Spiegelbild sich rändernder soziokultureller Werte und Normen.

PD Dr. Manuel Trummer ist Hochschullehrer, Journalist und Gitarrist.

Weitere Informationen unter **shop.kohlhammer.de**